# CASE

# 信贷风险与资产保全案例选

XINDAI FENGXIAN YU ZICHAN BAOQUAN ANLIXUAN

沙业伟 著

西南财经大学出版社
Southwestern University of Finance & Economics Press

图书在版编目(CIP)数据

信贷风险与资产保全案例选/沙业伟著.—成都:西南财经大学出版社,
2015.1(2015.12 重印)
ISBN 978 – 7 – 5504 – 1798 – 4

Ⅰ.①信… Ⅱ.①沙… Ⅲ.①贷款风险—案例—中国②商业银行—资产管
理—案例—中国 Ⅳ.①F832.4②F832.33

中国版本图书馆 CIP 数据核字(2015)第 019821 号

**信贷风险与资产保全案例选**
沙业伟　著

责任编辑:张明星
策划编辑:何春梅
助理编辑:潘德平
责任校对:李　筱
封面设计:何东琳设计工作室
责任印制:封俊川

| | |
|---|---|
| 出版发行 | 西南财经大学出版社(四川省成都市光华村街 55 号) |
| 网　　址 | http://www.bookcj.com |
| 电子邮件 | bookcj@foxmail.com |
| 邮政编码 | 610074 |
| 电　　话 | 028 – 87353785　87352368 |
| 照　　排 | 四川胜翔数码印务设计有限公司 |
| 印　　刷 | 郫县犀浦印刷厂 |
| 成品尺寸 | 170mm×240mm |
| 印　　张 | 11 |
| 字　　数 | 154 千字 |
| 版　　次 | 2015 年 1 月第 1 版 |
| 印　　次 | 2015 年 12 月第 3 次印刷 |
| 书　　号 | ISBN 978 – 7 – 5504 – 1798 – 4 |
| 定　　价 | 29.00 元 |

本书书名由曾康霖教授亲笔题字

曾康霖，中国著名金融学家，西南财经大学教授，博士生导师，全国金融学术委员会委员，中国金融学会常务理事，"中国金融学科终身成就奖"获得者，国务院特殊津贴获得者。

# 序言

　　业伟来电话说他整理些文字想付印一本书，让我看看并写个序，令我激动万分，思绪油然而生。

　　我和业伟既是学友又是忘年交。我们相识于三十二年前的四川财经学院（现在的西南财经大学）。一九八二年改革开放初期，人民银行总行为了培养、提高部分在基层工作同志的理论知识和工作能力，在全系统内首次采取组织推荐并参加统一考试的方式选拔在职人员脱产学习，参加在四川财经学院举办的金融专修班。我和业伟有幸成为"川财"两个班的八十余名学员之一。我们既是同班又是同寝室，他是睡在我上铺的小学弟。虽然我年长他十六岁，但在共同的相处中我们在学习、思想上交流很多，感情也深厚。不仅在校两年期间，而且在后来的三十余载中，我们在思想、情感以及工作上都一直交流颇多，成了相互倾心的忘年知己。

　　业伟多年来一直在基层从事银行信贷工作，担任领导职务后也分管信贷工作。在工作中他始终如一的诚恳、钻研、细心，善于坚持思考、善于创新，注重防范和化解风险，记载、整理了工作过程中的大量实践资料，积累了丰富的金融从业经验，历练了具有在工作上能够站得更高些、看得更深些的功底和本领。同时在钱币史的研究方面也有较深的造诣，多次发表了一些有影响的文章、著作，对金融事业的发展做出了一定的努力和奉献。

　　多年来他在工作中孜孜不倦、拼搏进取，怀鲲鹏之志求索不止。心中对金融工作的深情促使他在人生的每个阶段，都认真做好当下的事并使之步入更高的境界。"不以物喜，不以己悲"是业伟的性情和品格。

他总是自持有度地积极向上。或激情、或欢快、或沉醉、或理性的他都洒脱跌宕、收放自如。他思维豁达、乐观豪放却又不失浪漫风雅，总能以坦然平和的心态做好细小而平凡的事情。我读了业伟这部泱泱十余万字的著作后，深感他充满了人生的激情；饱含了对金融事业的全心倾注、刻苦钻研和奉献精神；凝聚了工作的思考。业伟在近四十年的银行工作期间，适逢中国改革开放时期，经济和金融处于由计划体制向市场体制转变的重要阶段。这部著作真实客观地记载了实际工作中具有代表性的真实案例，并加以理性梳理，具有现实指导意义和参考价值。它是信贷工作改革开放的真实写照，深入总结了信贷工作中的经验和教训，是一部对金融工作特别是信贷工作具有学习、研究和指导作用的力作，是一部能让人回眸、思考、记住过往并引导未来的一部较好的工具书。光阴荏苒，业伟在金融事业中度过了人生最美好、最珍贵的时光，也留下了精彩和辉煌的瞬间，充分体现了他有理想、有追求、有作为、有价值、有尊严的人生。

学习不息，笔耕不辍，生命如歌，竭诚奉献，这就是我无比感动的诠释。

在本书付梓前夕，写了这些话，谨以祝贺、不胜荣幸。

李绍周

2014 年 7 月 22 日于北京

（作者系《金融时报》社原社长）

# 前言

目前，困扰中国商业银行发展的最大问题是银行资产质量问题。作为资本扣减项的呆账贷款，其对资本充足率的影响举足轻重。大量呆账贷款的存在则直接抵消了资本的增加，降低了资本充足率，加大了银行的信用风险。强化商业银行不良资产管理既是落实《巴塞尔新资本协议》的要求，主动适应资本约束的必然选择；又是全面实施风险管理的重要举措。如何提高资本充足率，处置不良资产，降低信用风险，可以说这正是当前摆在我们面前亟待解决的严峻问题。因此，加强信贷风险防范措施和提高不良贷款处置能力已成为银行目前的当务之急。

本书通过梳理近年来金融系统重大信贷风险事件的典型案例，以分析不良资产产生的原因与教训。如20世纪末，我国发生的历史上首例非银行金融机构——广东省国际信托投资公司破产案；我国首家商业银行——海南发展银行关闭事件；我国首家财务公司——深圳特区发展财务公司关闭事件；亚洲金融风暴期间广州发生的三大金融诈骗案。案例中，有地方政府机关提供担保项目失败的不良贷款；有乡镇集体企业空壳公司借款形成的不良贷款；有个体经济大户诈骗多家银行贷款后，逃往国外形成的不良贷款；还有支行行长内外勾结骗取贷款被判无期的案例和银行客户经理参与抵押权证造假被判刑的案例。

本书在分析上述信贷风险案例的基础上，通过以债务重组、诉讼追偿等不良资产处置的九个专题案例，给读者提供了防范银行信贷风险与处置清收不良资产的经验教训和启示。

目前不良资产正以周期性的变化规律形成。商业银行的同行、资产管理公司和律师事务所的朋友们都多次要求笔者提供本书的案例。同时，本书如果作为大学生的参考辅导教材，将为他们在毕业前掌握不良资产的处置方法与手段，是一本不可多得的案例教材。

笔者见证了 20 世纪末与 21 世纪初的多场金融危机，亲眼目睹了波澜壮阔的金融活动，经历了一次又一次险象环生的市场起伏。提醒年轻人，指导年轻人，为毫无社会阅历的年轻人提供帮助，是我们这些社会经济丰富的年长者的责任，同时也是我们的荣幸。

笔者从多年处置不良资产的 600 多个案例中选编出经典案例成书，目的是总结多年来在处置不良资产中的经验与教训。希望本书对今后推动银行信贷管理和不良资产处置的技术和方法的发展与完善，起到抛砖引玉的作用。

沙业伟

2015 年 1 月于广州珠江畔

# 目 录

# 第一部分
# 债务重组案例

## 方案概述

### 债务重组

债务重组是指根据债务人的还款能力对原贷款条件的适度调整、适当让利，包括不良资产债务人的变更、担保主体及方式的变更等方式。

不良资产债务重组的基本原则为：有利于降低和缓释不良资产风险；有利于保全银行资产；有利于减少不良资产的损失。

# 案例001：行政管理性质公司贷款的化解

## ——贷款从空壳公司重组到实体企业

**本案例清收处置路径：催收→重组→收回部分本金**

### 案例简介

1992年12月15日，某市某镇经济贸易发展总公司向原乙银行某省分行，借得五年期美元贷款一笔，本金295万美元，担保单位为其下属企业某华毛绒布厂。

1993年12月15日该公司向原乙银行某省分行又借得五年期美元贷款一笔，本金65万美元，担保单位也为某华毛绒布厂。

1997年10月6日及12月30日该公司向原乙银行某省分行再借得一年期人民币贷款两笔，本金分别为人民币400万元和500万元。

但上述贷款的实际用款人都是某发弹力针织布厂，甲银行1999年3月接收乙银行后，发现贷款有被悬空的风险。

### 成因分析

1. 借款人实为一家空壳公司。某镇经贸发展总公司建办于1987年10月，是乡镇集体企业。其辖下有19家集体企业，各为独立法人。作为一家行政管理性质的企业，它并未直接从事生产经营，只行使其行政管理功能，法定代表人为某镇镇长。借款公司实为一家管理性质的空壳公司，本身并无任何资产，且由于国家政策要求实行政企分家，该公司已无存在的必要，随时可能关闭，同时担保单位也已停止生产。

2. 原乙银行向某市某镇经济贸易发展总公司发放的贷款，实际是用于购买某发弹力针织布厂的机器设备，但未能以购买某发弹力针织布厂的机器设备办理抵押，如果实际用款人不确认该贷款，银行就很难清收回来。

## 清收措施

多年来，该四笔贷款利息一直由某发弹力针织布厂负责偿还，但还款能力较差，主要原因是该发弹力针织布厂不是贷款主体。甲银行接管乙银行后，考虑到某镇经济贸易发展总公司实为一家空壳公司，不具备任何还款能力，实行政企分家后，随时影响到甲银行的权益。故甲银行设计了如下重组方案：以某发弹力针织布厂为贷款主体，将该四笔贷款平移至其名下，由该企业提供厂房、设备抵押，3 处房产面积合计7 586平方米，总价值为人民币 4 434 577 元。还有一批机器设备及一处土地，原始总价为人民币 82 059 763 元。以其销售收入为还款来源。考虑到该厂短期还款能力低，把美元部分的贷款期限调整为 2 年，以方便企业分期还款，减轻企业负担，从而降低贷款风险，保障甲银行权益。

2000 年 11 月 13 日，甲银行某分行通过信用审查委员会审议表决，报经总行审查批准，同意给予该发弹力针织布厂重组贷款人民币 1 060万元，期限 12 个月，美元 460 万元，期限 24 个月，以企业房产、土地、设备抵押，用于归还某市某镇经贸发展总公司借款。使贷款落实在真正用款人名下，从而降低了甲银行的贷款风险。

## 案例启示

1. 避免向空壳公司贷款。向行政管理性质的公司贷款，实际上是向一家空壳公司贷款，贷款其实处于悬空状态，贷款风险随时影响到银行的权益。

2. 贷款重组到实际用款人。银行保全资产的最佳途径是把这笔贷款重组到用款人身上，从而在一定程度上降低了甲银行的贷款风险，为日后清收贷款打下了基础。

# 案例002：诉讼无法收回的国有企业贷款

## ——重组清收比诉讼清收更有效

**本案例清收处置路径：催收→诉讼→重组→收回部分本息**

### 案例简介

1997年，某市中旅企业（集团）公司及其属下企业向原乙银行借贷共四笔，其中人民币贷款三笔，共计本金6 795万元，美元贷款一笔，本金189.5万美元。

第一笔，该集团借入人民币贷款，本金1 370万元，贷款期限为1997年12月30日至1999年3月29日，该贷款以该集团属下某鞋厂的两幢厂房作抵押。

第二笔，以该集团属下某大厦名义借入人民币贷款，合同金额为4 780万元，合同期限为1997年12月30日至1998年11月29日，此贷款担保单位为某市中旅企业（集团）公司、中旅房地产公司及中侨免税外汇商场，无其他任何抵押物。

第三笔，该集团属下某制衣厂借入人民币贷款，合同金额645万元，期限为1997年12月30日至1999年6月29日，原以某大厦办公楼作抵押及中旅集团作担保。

第四笔，该集团借入美元贷款，原合同金额231万美元，欠本金189.5万美元，此笔贷款为某银行转贷款，用于投入其属下某鞋厂，合同期限为1991年11月21日至1996年11月20日，此贷款担保单位为某市国际信托投资公司。

截止到2000年3月21日，第一笔贷款欠息249万元人民币，抵押物由于中旅集团与某丝绸公司的纠纷而被法院查封。第二笔贷款欠息1 059万元人民币，甲银行接管乙银行后，此笔贷款1999年6月被甲银行起诉，但起诉后无任何效果。第三笔贷款欠息146万元人民币，此笔贷款实际用款人为中旅集团，故在甲银行接管原乙银行后，在确认贷款过程中某制衣厂对此提出异议。第四笔贷款欠息43.4万美元。1996年贷款逾期后，担保单位拒绝盖章确认，甲银行接管原乙银行后多次洽谈亦徒劳无功。

## 成因分析

某市中旅企业（集团）公司贷款数额较大，但由于该企业经营状况不佳，不能正常还本付息。除借甲银行贷款4780万元人民币外，还欠某市财政局2480万元人民币；欠某银行某分行200万美元；欠某发展银行某分行人民币660万元、美元100万元。以上折合人民币6266万元。另外，该企业（集团）公司还有一笔向某省财政厅借入的3000万元人民币借款。

该企业（集团）公司在甲银行贷款数额较大、欠息较多，即使全面起诉，由于当时原乙银行发放的贷款大多没有办理抵押，估计能收回的贷款不多；且该企业为预算外全民所有制企业，即使让其破产，亦对甲银行无甚裨益。

## 清收措施

甲银行接收乙银行后，清查中旅集团的贷款后发现，除某制衣厂的贷款落实抵押外，其余贷款的债权均被悬空。为此，甲银行马上向该市副市长呈送《关于协商处理某市中旅企业（集团）公司贷款的函》，申明甲银行接管了乙银行某分行的业务。要求协助落实其贷款债权，把已抵押给市财政局的某大厦物业转到甲银行名下。此时中旅集团积极配合甲银行开展工作，多次洽谈有关问题，并书面给甲银行《关于落实借款抵押的初步方案》，同意待其与某丝绸公司纠纷结案后，把置换出的部分财产和某大厦抵押给甲银行。故甲银行打算待某大厦诉讼案件及该集团与某丝绸公司纠纷事件结案后，在能收回大部分欠息、落实抵押物、降低风险的情况下将贷款重组，实行逐步收回的清收化解方案。

2000年甲银行做了贷款重组，某市中旅企业（集团）公司结清了某制衣厂有限公司欠甲银行的645万元人民币贷款的借款本息，偿还其下属企业300多万元人民币贷款利息，增加三幢厂房17 689平方米，评估价达4 900万元抵押物，和增加某大厦办公楼抵押的基础上对4 700万元人民币贷款进行了重组。

### 案例启示

1. 诉讼不是唯一化解不良贷款的办法。对某市中旅企业集团公司的贷款，无任何抵押物，债权完全处于悬空状态，且在贷款数额较大、欠息较多的情况下，通过诉讼方法效果不是最好的选择。

2. 采取重组化解方式。甲银行通过重组方案，使借款企业结清了某制衣厂有限公司欠的全部贷款本息。由该企业（集团）公司偿还其他下属企业部分贷款利息，并在增加抵押物的基础上进行重组，从而降低了贷款风险。

## 案例003：由某钢集团债务危机引发的贷款违约

——三年的重组清收，通过某钢集团本息全额收回

**本案例清收处置路径：催收→重组→全额收回本息**

### 案例简介

自2008年开始，甲银行给某有色金属有限公司（以下简称某有色公司）多次循环授信。2008年7月22日第一次授信是国内信用证项下开证授信额度人民币1亿元，敞口8 000万元，期限一年；2011年3月1日最后一次授信是流动资金贷款人民币4 000万元，期限6个月，由

某钢集团、某有色金属集团有限公司共同提供连带责任保证担保,并由申请人提供房产抵押担保,评估价值为人民币4 088万元。

某有色公司是1996年7月成立的有限责任公司,注册资本1 000万元人民币。经营范围包括有色金属冶炼及压延加工、有色金属材料的批发和零售等贸易业务。其全部由某钢集团投资,是一家投资与生产经营相结合的国有独资大型企业。

## 成因分析

某有色公司的投资人某钢集团2011年风险暴露,某钢集团及其关联企业的银行负债高达215亿元人民币,由于某钢公司已经无法偿还到期贷款,并将进入停产关闭,银行授信已陆续调整为不良贷款。在当地政府的组织下,为解决某钢公司不良贷款问题,避免其风险迅速向整个集团蔓延和扩散已是刻不容缓,债权银行经反复、认真研究,并参照国内化解重点不良风险贷款的成功案例,提出了《某钢集团及其相关企业授信重组方案》,分五年分期偿还原欠的银行贷款。某钢为了确保正常生产,留存足够的经营现金,又害怕银行全面收贷,对一些银行的到期债务不得不申请全额续贷。在该指导思想的影响下,某有色公司的信用证到期还款被某钢集团阻止,并要求某有色公司向银行申请全额续贷。

## 清收措施

由于某有色公司是某钢集团下属企业,甲银行在执行《某钢集团及下属相关企业银行授信总框架协议》前,2011年9月29日经总行批准贷款展期三个月。展期到期后,再重组贷款三个月。到2011年12月29日贷款到期,甲银行分行保全部多次与某有色公司谈判,要求清付利息和偿还部分本金进行重组。但某有色公司以本企业是某钢集团及下属相关企业,要执行《某钢集团及下属相关企业银行授信总框架协议》为由,不同意偿还部分本金进行重组,同时在2011年12月开始欠息,甲银行分行多次上门处理问题也不理采,理由是某钢集团不同意还部分本金的重组方案。

2012 年 3 月 10 日，甲银行分行根据《某钢集团及下属相关企业银行授信总框架协议》，在某有色公司同意还清拖欠贷款利息的情况下进行重组。这次贷款重组工作比较复杂，既有保证，又有抵押。抵押物是 85 套房产，分布四个地方，需要到四个房管交易中心进行抵押登记，既有某市内的，又有其他城市的，工作量十分大。甲银行积极落实抵押登记手续，及时在一季度完成这笔贷款的重组工作，收回拖欠贷款利息 404 万元人民币，将 3 923 万元人民币贷款重组一年。

甲银行某分行根据《某钢集团及下属相关企业银行授信总框架协议》虽然经过几次贷款重组和展期，但 2014 年 3 月借贷人再次逾期，清收工作进入攻坚阶段。

1. 掌握企业信息。2014 年 3 月贷款重组到期前，甲银行发现某有色公司的上级部门某钢集团计划拍卖原某钢企业的土地，为清收工作带来利好消息。

2. 积极做好借款企业工作。甲银行保全部总经理与保全经办人多次与某有色公司谈判，催促他们还本付息，并与企业统一思想，向某钢集团申请还款资金。

3. 积极做好集团工作。与某钢集团谈判，积极做好工作，开始时某钢集团提出：某钢集团与银行签有《某钢集团及下属相关企业银行授信总框架协议》，协议没有还款规定。经过解释，他们又提出把某有色公司的额度转到某钢的要求，甲银行答复上级行不同意转，他们还是拖延不偿还贷款。甲银行每隔两天找某钢集团和某有色公司，电话联系催促偿还贷款，经历了三年的清收，终于在 2014 年 4 月 22 日全额收回贷款本息。

## 案例启示

1. 贷款发放时未能预测到某钢集团的债务风险以及由其债务危机引发的违约风险。大部分某钢集团的合作银行均采用收缩的方式，导致某钢集团整个融资资金链异常紧张，下属企业某有色公司的日常经营资金也受到了影响。

2. 重组时增加某钢集团、某有色公司金属集团有限公司共同提供连带责任保证担保；同时增加申请人提供房产抵押担保，这样为收回贷款创造了条件。

3. 贷款重组到期前，甲银行发现某有色公司的上级部门某钢集团拍卖土地，积极清收为全额收回贷款本息带来可能。

# 案例 004：企业过度负债经营，欠贷款无法归还

## ——重组时抓住抵押物，全额收回贷款本息

**本案例清收处置路径：催收→重组→全额收回本息**

## 案例简介

1999—2001 年，甲银行某支行向某能源系列企业发放三笔贷款。第一笔，1999 年 11 月 25 日，该支行向某能源企业发放流动资金贷款人民币 500 万元，期限一年，以某市某液化石油气有限公司液化气库作抵押。第二笔，2000 年 7 月 21 日，该支行向某国际实业投资有限公司发放流动资金贷款人民币 1 000 万元，期限一年，以某市某液化石油气有限公司液化气库作抵押。第三笔，2001 年 4 月 29 日，该支行向某能源企业发放流动资金贷款人民币 500 万元，期限一年，由某国际实业投资有限公司提供连带责任保证。贷款到期后，因借款人不能一次性还本，甲银行在借款企业归还部分本金的条件下，将三笔贷款合并办理借款还旧，由某国际实业投资有限公司提供连带责任保证，由某液化石油气有限公司的两个液化气库提供抵押。

### 成因分析

由于借款人及其关联企业过度负债经营，遗留了不少债务，该贷款能正常付息，但短期内不能一次还本，贷款发放后已多次办理借新还旧，无法按合同约定如期偿还。

据了解，预计2008年年底或2009年年初，某市将实现管道燃气替代目前的瓶装煤气。届时，该液化石油气有限公司抵押给甲银行的位于该市的两个液化气库的经营将会受到冲击。根据某能源企业的资金测算，近2~3年内该企业无法还清甲银行的贷款。

### 清收措施

在该贷款到期后不能一次性还本的情况下，甲银行及时采取了措施，在企业不欠息、压缩贷款本金人民币600多万元，并在追加了抵押物的条件下办理了重组。

迫于甲银行压力，企业积极与甲银行商讨化解措施。经协商，达成初步方案，借款人在2008年1月底前归还本金300万元办理借新还旧，半年内再归还剩余本金的一半，否则甲银行将通过法律程序拍卖两个液化气库归还贷款本息。

该贷款由于有某国际实业投资有限公司提供连带责任保证，加上某液化石油气有限公司的两个液化气库提供抵押，担保合法有效。在甲银行要通过法律程序拍卖两个液化气库的压力下，企业终于在2008年一年中100%的还清了本息。

### 案例启示

1. 有抵押物是本案例贷款能收回的前提。该流动资金贷款有某液化石油气有限公司的两个液化气库作抵押，而且抵押合法有效。

2. 100%清收本息。甲银行计划要通过法律程序拍卖两个液化气库清收，是迫使企业还清本息的有效手段。

# 案例 005：贷款购买设备后未能办抵押

## ——采取先重组后诉讼的清收方案

**本案例清收处置路径：催收→重组→诉讼→全额收回本息**

## 案例简介

1992—1993 年，某量具刃具厂分别向乙银行某省分行申请外汇美元贷款两笔，金额为 70 万美元和 18.4 万美元，合计 88.4 万美元，用于引进西德产电脑模具机械设备一批，作为中外合资企业的中方投资，而后该企业归还了 5 万美元的本金；同时，企业于 1993 年向乙银行某省分行申请项目配套人民币贷款 70 万元。项目贷款主要是用于满足粤西地区的家电、汽车等企业的模具配套生产。以上贷款由某高压电器总厂作担保。1994—1996 年项目建成后曾经红极一时，产品供不应求。1997 年后因受"亚洲金融风暴"和"粤西走私"案等影响，使整个粤西地区经济处于停滞状态，同时也影响了该厂的正常生产，之后企业的生产就处于半停产的状态。

甲银行在 1999 年接收乙银行后发现，企业的经济状态一直未能好转，而且担保时效已过。

## 成因分析

一、企业的经营管理存在问题

1. 企业经营成本过高。当时企业在购进该套模具设备时价格过高，增加了企业的经营成本，收益差。

2. 企业的经营班子管理水平较差。不是及时地调整经营的策略，寻找和开拓新的市场，而是固守本地。

3. 受国有企业体制的影响。企业的职工生产技术水平也较低，而且离退休职工多，企业成本大。

二、银行贷款发放与管理存在的问题

1. 银行贷款审查不严格。在购进模具机械设备时，经营成本增加分析不到位，造成贷款效益差。

2. 贷后管理不到位。在企业生产正常时未能及时收回贷款，企业挪用了部分资金，乙银行因管理路途遥远（约 500 多千米），放弃催收贷款，错过了最佳的清收时机，贷款未能按时归还。

## 清收措施

甲银行在接管乙银行后，积极予以催收，但接管前已错过了清收时机，在清收过程中发现原来用贷款购买的电脑模具机械设备尚未办理抵押手续。2000 年甲银行为保证贷款的时效，减少损失，保证贷款资产的安全，于 2000 年 12 月对该企业的贷款以借新还旧的方式进行重组，增加了原贷款购买的电脑模具机械设备（属某科密模具有限公司），为贷款的抵押物，重组期限为一年，并由某科密模具有限公司担保。

贷款到期后，企业仍然无法归还。甲银行于 2002 年 4 月对该企业进行法律诉讼，同年 7 月底，通过法院的强制执行将抵押的电脑模具机械设备进行公开竞投转让，收回贷款本息 364 416 元人民币，其中贷款本金 354 703 元，利息 9 713 元。

## 案例启示

1. 贷款审查不严格。原贷款购买的设备未办理抵押，贷后管理不到位，造成失去担保时效。

2. 借新还旧方式重组。为保证贷款的时效，减少损失，保证贷款资产的安全，以借新还旧的方式进行重组，增加了原贷款购买的机械设备作抵押，从而为日后清收提供可能。

3. 贷款管理不到位。银行网点与贷款客户距离太远，乙银行因管理路途遥远而放弃了催收，错过了最佳的清收时机，使贷款形成呆账。

4. 抵押物享有优先受偿权。重组贷款时增加的抵押物，为后来诉讼清收，化解风险打下基础。

## 案例006：信托公司拆借的风险化解

### ——重组转贷款后收回部分贷款

**本案例清收处置路径：催收→重组→诉讼→收回部分本金**

### 案例简介

1997年某信托投资公司向原乙银行拆借200万美元，1998年8月到期，由于当时信托业受宏观调控影响，导致拆借方出现还款困难。

经甲银行、某信托投资公司和某宾馆公司三方协商同意后，某信托投资公司以其对某宾馆公司的200万美元贷款债权作为甲银行拆借款的转让标的物，甲银行向某宾馆公司发放相当于200万美元的人民币贷款，某宾馆公司用该笔贷款归还某信托投资公司200万美元的贷款，某信托投资公司再将该款项归还甲银行的拆借款本息，同时某信托投资公司解除有关某宾馆公司的抵押物，由甲银行将有关抵押物重新办理抵押登记。

因此，1999年12月30日甲银行向某宾馆公司发放人民币贷款2 050万元，合同期限为一年，某宾馆公司以位于某市某宾馆的六层主楼及土地作为抵押物，并办理抵押登记。

但后来由于该宾馆公司搞多种经营，大量资金被转移和挪用，亏损严重，负债累累，背上了沉重的债务负担，最终导致停业关闭。

## 成因分析

1. 资金拆借产生风险。造成该笔贷款损失最直接的原因是资金拆借产生的风险。原乙银行在拆借前对被拆借对象的经营状况、还款能力和资金使用审查不严。由于信托企业自身粗放经营的影响，使拆借企业的资金无法正常周转，经营逐渐萎缩，财务状况日益恶化，最后导致被拆借企业到期无力偿还拆借资金。

2. 拆借转为贷款后，某宾馆公司多年未改善设施，导致营业萎缩。借款人经营的某宾馆在 20 世纪 90 年代中期一直是该市经营最好、入住率最高的宾馆。但到 90 年代末，由于周边新建几座档次较高、设施较好的酒店，直接影响了该宾馆的经营。此时，宾馆应该增加投入，改善宾馆设施，提高经营管理水平。但由于体制上的原因，某宾馆公司不但未在经营管理上下功夫，仍延用原来的经营模式，同时舍弃自己所长，搞多种经营，导致宾馆营业萎缩，亏损严重，负债累累。

3. 转移和挪用资金办多种经营。借款人以开发高科技项目为借款理由，向其他债权人申请了巨额贷款，骗取了众多债权人的大量资金，再利用这些资金虚张声势，进一步骗取资金，且将大量资金转移和挪用，肆意挥霍。

借款人某宾馆公司曾与中科院某分院、天津大学等单位联合开发高科技项目"NFD-新型海水淡化造水机"，但研究建设该项目仅是以高科技项目作为向债权人借款的招牌，仅投入研究经费、建厂房及购置设备等 800 万元人民币；其余所借的大量资金被转移和挪作它用。由于该项目本身存在技术不成熟，生产的产品（海水淡化造水机）无法投入市场，产生经济效益，最终导致资金缺口日趋暴露。

借款人因无法筹集到新的资金，而旧的大量贷款又陆续到期，因而陷入资金的危机中。不仅所谓的高科技项目流产，已投入的资金打了水漂，还使企业背上沉重的债务负担，最终导致借款人停业关闭。

## 清收措施

甲银行接收乙银行后，为化解信托投资公司的贷款风险，对该信托投资公司的 200 万美元拆借款进行重组，转为一般性贷款。但 2000 年某宾馆公司的贷款到期前，该公司就开始拖欠利息。甲银行组织专人进行催收，但借款人以资金紧张为由，不履行还款义务。在多次催收无果的情况下，为维护债权，甲银行于 2002 年 8 月 18 日向某市中级人民法院诉讼清收，2003 年 2 月 20 日法院以《民事判决书》判决甲银行胜诉，判令借款人某宾馆公司归还借款本金人民币 2 050 万元和相应利息，甲银行对抵押物享有优先受偿权。

在判决生效后，甲银行向法院申请强制执行。法院依法查封了被执行人在某市某宾馆的房产及土地后，委托某拍卖行有限公司进行了公开拍卖，成交价 1 219 万元人民币。由于某宾馆公司拖欠较多的职工工资，受当地政府的干涉，法院为安置职工，稳定社会秩序，在扣除职工工资和其他相应的拍卖费用后，将余下的 1 021 万元人民币拍卖款划入甲银行。本金回收率仅为 49.82%。

## 案例启示

1. 为化解拆借资金的风险，进行重组转贷。银行从化解风险、减少损失的角度考虑，当初用贷款化解拆借款这一措施是正确的。

2. 对借款人审查不严。借款人以开发高科技项目为由骗取众多债权人的大量资金，且将大量资金转移和挪用，造成贷款无法收回。

3. 重组时增加抵押物。甲银行诉讼清收时对抵押物享有优先受偿权，公开拍卖收回部分贷款，这是重组时增加抵押物所取得的效果。

## 案例007：企业管理不善，贷款无法偿还

### ——先重组收回30%，后收回本金93.12%

**本案例清收处置路径：催收→重组→收回大部分本金**

### 案例简介

1996年12月，原乙银行先后向某机电公司发放两笔人民币贷款，分别为210万元和100万元。某机电公司因资金周转困难，贷款到期时，企业只归还了110万元贷款，另200万元向原乙银行申请办理重组。贷款期限11个月，由某机电设备总厂提供信用担保。

该机电公司成立于1991年9月2日，经营期限至2004年12月31日，到期后未向工商局办理年检或申请延长营业期限，该企业实际已不存在。担保人某机电设备总厂为集体所有制企业，成立于1992年8月24日，因未按规定参加年检，于2004年11月26日被某市工商行政管理局吊销营业执照。

### 成因分析

1. 原乙银行在开展业务时，片面追求规模，忽视风险隐患，盲目放贷。贷款发放后，借款人因经营不善，内部管理混乱，业务滑坡，资金困难而无力还款。

2. 原乙银行贷前调查不实，审查不严，风险意识不强。经办客户经理和审查人员对企业的真实情况了解不够，没有对企业的经营状况进行认真调查，该笔贷款发放后就因企业经营不善而承担巨大风险。

3. 贷后管理不善，错过了最佳的清收时机。贷款发放后，原乙银行未及时认真进行贷后检查，对借款企业和担保企业的信息了解滞后，跟踪不到位，对该笔贷款听之任之，未采取有效的措施积极消除和化解

风险隐患；对担保企业没有及时掌握企业恶化的情况，丧失最佳清收时机。

## 清收措施

某机电公司因资金周转困难，贷款到期后无法全额归还贷款，原乙银行采取分步压缩的办法，先压缩人民币 110 万元贷款，另人民币 200 万元办理重组。贷款期限 11 个月，增加某机电设备总厂承担信用担保。

该笔重组贷款到期后，机电公司因经营管理不善，摊子铺得太大，后续资金不足，同时受宏观调控影响，导致公司业务滑坡严重，企业运转困难，无力还款，使贷款造成逾期。

1999 年 3 月，甲银行接管乙银行后，即对债权债务进行清理和确认。此后，甲银行不断加大清收力度，经一点一滴挤牙膏般地逼企业还贷，多则数万元，少则几千元，积少成多，迫使企业归还贷款本金和利息，最后收回 186.24 万元，为贷款本金的 93.12%。

## 案例启示

1. 盲目放贷。从这笔贷款的发放到形成呆账、坏账的整个过程中，反映了银行经营管理过程中出现的问题，片面追求规模，忽视风险隐患。

2. 压缩重组。某机电公司贷款到期后无法全额归还贷款，原乙银行采取分步压缩重组的办法，使风险降低。

3. 甲银行在接收原乙银行后，不断加大清收力度，积少成多，收回大部分本金。

# 第二部分

# 诉讼追偿案例

## 方案概述

### 诉讼追偿

在不良贷款中，存在着一些无视信用，用各种借口拖延归还贷款，利用各种手段逃避债务的企业。为了维护银行利益，保全资产，实现最大化的回收，必须采取法律手段，依法追偿，从而使法律追偿成为清收不良资产的重要手段。

债务人或担保人有偿债能力，但无还款诚意，拒不向银行履行偿债义务的，银行资产面临较大风险，不采取法律措施，不足以保护银行资产安全，而采取的法律诉讼清收手段。

# 案例 008：假重组真逃债

## ——抵押物评估过高，诉讼全额收回贷款

**本案例清收处置路径：催收→诉讼→全额收回本息**

### 案例简介

2013 年 3 月 12 日，甲银行某支行向某企业发放流动资金贷款人民币 3 000 万元，期限一年，由该企业股东林某、林某某（俩姐妹关系）提供无限连带责任保证担保，并以林某某拥有的位于某市某楼的 1~2 层住房为该笔贷款作抵押担保。

授信调查报告称：该企业成立于 2003 年 8 月，注册资金 500 万元人民币，主要从事某品牌时尚休闲装产品的生产销售和连锁经营，是国内一家增长迅速、具有自主研发、生产、品牌经营与营销为一体的时尚休闲服装公司。

但该企业到 2013 年 7 月 21 日，贷后仅 4 个月后就开始欠息，出现信贷风险信号。

### 成因分析

一、企业方面：

1. 由于借款人前几年盲目投资自营门店的速度过快，高峰期有 100 多家。当行业不景气时，借款人将自营门店全部关闭，导致损失惨重。

2. 借款人间接地在某市投资了某石油化工进出口有限公司，前期投了人民币 700 万~800 万元，立项工作未完成，表面上虽与该企业及其股东无任何法律关系，但实际贷款被挪用。

二、银行方面：

1. 授信调查不真实。授信调查报告中称：截至 2012 年 12 月 31 日，

该企业已发展连锁专卖店（厅、柜）306 家，设立了多家办事处和分公司。但到 2013 年 7 月 21 日欠息发生后的调查中又称：借款人将自营门店全部关闭，导致损失惨重。调查报告前后矛盾，授信调查不真实。

2. 过度依赖抵押物，抵押物价值高估。抵押物由某房地产评估咨询有限公司评估，2013 年 1 月 2 日出具评估报告，价值人民币4 318.01 万元，抵押率为 69.48%。经核查，甲银行用 3 000 万元人民币贷款，置换其他银行的 2 500 万元人民币贷款，使用的是同一抵押物，抵押物建成年代较早，外观较为陈旧，但甲银行的贷款却比其他银行增加了 500 万元人民币。

3. 审查流于形式。对借款企业的征信情况未能引起足够关注。2013 年 1 月 28 日项目审查时，查询人行征信系统显示，申请人于 2013年 1 月已经出现在一笔表内欠息记录。

该服饰有限公司 2013 年 3 月 12 日借款，2013 年 7 月 21 日，贷后 4个月欠息，出现风险，至 2013 年 8 月 29 日止，已逾期未支付借款利息228 016.81 元。

## 清收措施

2013 年 7 月 21 日欠息，出现信贷风险信号后，甲银行保全部门介入调查分析后认为：该借贷企业第一还款来源的 100 多家自营门店全部关闭，销售停止，导致损失惨重。还款来源已经中断；正用企业壳资源与另一企业合作，7 月 10 日签订《项目合作框架协议书》，协议书申明原债务与新公司无关，合作后原企业将成为一个空壳公司，实为逃废债务。该借贷企业第二还款来源中：（1）抵押担保的房产评估价价值较高；（2）为借款承担连带责任保证的两人已经出现甲银行信用卡透支人民币 100 多万元。

两种清收方案的比较：

支行方案：借款人在积极寻求重组，并已于 7 月 10 日签订《项目合作框架协议书》。企业请求甲银行给予半个月的宽限期，在办完上述手续的情况下，还清甲银行欠息，在 2~3 个月之内，置换掉甲银行贷款。据查，该企业将在他行办理贷款来完成重组，认为重组是企业自救和归还贷款的最好办法。

保全部门方案：该企业已经无法偿还甲银行贷款的能力，因此只能向法院提起诉讼。抢在贷款企业用该企业其他有价值的东西与另一企业合作转名之前，委托律师所马上立案。通过法院提起诉讼，对贷款企业造成压力，使其无法用该企业之壳与另一企业合作转名，逃废银行债务。

由于甲银行采用保全部门诉讼方案，及时向法院提起诉讼，迫使贷款企业归还了 3 000 万元人民币贷款本金和所欠的全部欠息。

## 案例启示

1. 未能处理好第一还款来源与第二还款来源的关系。贷款 4 个月后就发生欠息问题，实际是银行在贷款申报时，对第一还款来源未能深入了解，被第二还款来源所蒙骗。风险发生后支行承认"企业投资失误、债务过重，面临贷款损失的风险"。

2. 是重组还是采取诉讼措施。如果分行保全人员未能拿到企业 7 月 10 日签订的《项目合作框架协议书》进行分析，分行按支行的报告"认为重组是企业自救和归还甲行贷款的最好办法"，未能及时采取诉讼措施，让企业"在 2~3 个月之内，置换掉甲银行贷款"的计划得以实施，结果将是甲银行只能拍卖企业的房产收贷，贷款损失是不用置疑的。

## 案例 009：放贷 12 天企业更名且股东变更

### ——抵押物评估过高，诉讼 2 年收回大部分贷款

**本案例清收处置路径：催收→诉讼→收回大部分本息**

### 案例简介

2010 年 11 月 15 日，甲银行与某大企业投资有限公司（后变更为某大企业集团有限公司）签订《综合授信协议》，授信额度 4 000 万元人民币贷款，由戚某、江某承担连带保证责任；某广告有限公司以某处房产提供抵押担保，建筑面积为 3 656.28 平方米，并办理了强制执行公证。根据某房地产与土地估价有限公司出具的估价报告，该抵押物的价值为 6 758.268 万元人民币，抵押率为 59.18%。该房产原作"连锁酒店"用途，后已经停业。

贷款到期后，该公司未按合同约定时间履行还款义务，截止到 2012 年 5 月 30 日，该公司尚欠甲银行贷款本金 39 278 821 元人民币及利息 2 569 800 元人民币，本息合计 41 848 621 元人民币。

### 成因分析

1. 有骗贷的可疑。借收人在发放贷款后 12 天即进行更名，由某企业投资有限公司变更为某大企业集团有限公司。2011 年 1 月 12 日，根据股东会议决议，公司原股东由戚某、江某变更为陈某（出资 4 000 万元人民币，控股 80%）和梁某（出资 1 000 万元人民币，控股 20%）；2011 年 5 月底上门催收贷款时发现，位于某世贸中心南塔 23 楼的企业办公室已关闭，无人办公。

2. 企业民间高息借贷。该贷款发生逾期的原因为该大企业集团动用了自身大量资金进行商业物业投资，导致了现金流不足，而戚某（企

业实际控制人）以民间高息借贷资金来补充现金流。由于所借款项利息高，加之各家银行贷款额度收紧，企业无法承受高额利息，最终造成其资金链忽然断裂，无力偿还银行贷款。

3. 抵押物被查封。经房管部门查册，发现贷款抵押物为查封状态，共有两个查封记录。经了解，其中一个查封原因为抵押物租赁户某连锁酒店与抵押人某广告有限公司之间存在经营权债务纠纷，涉诉金额 780 万元人民币，查封日期为 2011 年 2 月 16 日；另一查封原因为装修该物业所拖欠的工程款及工人工资，涉诉金额 238 万元人民币，查封日期为 2011 年 5 月 20 日。

## 清收措施

贷款到期后，借贷公司未按合同约定时间履行还款义务。为维护甲银行合法利益，甲银行于 2011 年 6 月 21 日向某区人民法院申请强制执行，并委托某律师事务所代理申请法院强制执行，7 月法院出具了强制执行证书，并送达各方，各方无异议。8 月底法院通过摇珠方式，确定了抵押物评估公司，对抵押物进行了拍卖前评估，得到评估价为人民币 6 091 万元，异议期 22 天，于 2011 年 9 月 19 日双方对此价格无异议，进入拍卖程序。

第一次拍卖：2011 年 10 月 14 日，起拍价为人民币 6 091 万元。第二次拍卖：2011 年 11 月 4 日，降价 20%，即按照 4 873 万元拍卖底价进行重拍。第三次拍卖：2011 年 11 月 22 日，再降价 9%（法院应甲银行要求），即 4 435 万元底价进行最后一次拍卖，均告失败。2011 年 11 月 28 日在最后一次拍卖失败后进入变卖程序，按最后一次拍卖保留价 44 342 480 元进行变卖。因无人接受，60 天后变卖程序再次失败。

2012 年 4 月 11 日法院组织各方协调。由于该案已经过法定变卖期限，法院无权自行变卖，故买家如需购买抵押物都必须经过"连锁酒店"、某广告公司和银行各方同意出让方可。

一、处置难点

1. 无法保本保息。当法院第三次拍卖时价格可以按规定调至最低（按规定第三次拍卖价格可下降 20%），但甲银行认为无法保本保息，通知法院本次只下降 9%。比最低可调价格高出约 536 万元。

2. 无法转让债权。原"连锁酒店"在经营前对该抵押物装修投入了 800 多万元人民币，它无法实现债权，拒绝配合抵押物转让债权。

3. 抵押物转让税收过高。经过甲银行某支行到房地产交易所了解，以及"某房地产与土地评估咨询有限公司"的测算，交易过程的双方各种税费（包含增值部分）合计将超过 1 000 多万元人民币。

4. 法院通知以物抵债。2012 年 6 月 19 日，法院告知，将抵押物 44 342 480 元的价格抵债给甲银行。并要求甲银行以支付"连锁酒店" 280 万元的工人工资为前提。如甲银行不同意以物抵债，则法院将依法将抵押物退回给被执行人。

二、处置方案

2012 年 6 月 19 日，甲银行接某区人民法院通知，法院已经按法定程序完成了三次拍卖和一次变卖，下一步要将抵押物以 4 434 万元人民币的价格抵债给银行，并要求甲银行以给付 280 万元的工人工资为前提。

2012 年 10 月在代理律师的努力下，某区人民法院另案启动拍卖程序，终于在 2013 年 4 月以 4 077.6 万元人民币拍卖成功，并两次划回甲银行拍卖款 3 829 万元人民币。甲银行最后本息损失 890 万元人民币，其中本金损失 90 多万元，利息损失 800 多万元。

三、前后处置方案的比较

首次拍卖方案：甲银行某分行几个部门研究可"保本保息"收回贷款的理由有：第一，根据某房地产与土地估价有限公司出具的估价报告，抵押物价值为 7 582.68 万元人民币，抵押率仅 59.18%；第二，抵押物地址在某市中心城区商业中心的某商厦，建筑面积达 3 656 平方米；第三，该房产周边住宅价格每平方米近 3 万元人民币，三楼商厦的拍卖价格每平方米不止 1 万元人民币。

再次拍卖方案：尊重客观事实。最后一次拍卖每平方米 12 130 元人民币都无法成交的现实，使得银行按市场信息，建议法院调整了拍卖底价。

## 案例启示

1. 银行在企业申报贷款时，对第一还款来源未能深入了解，只看第二还款来源，诉讼后了解到该企业纯粹是从事房地产投资的空壳子公司，与原贷款调查报告的情况差异很大。

2. 贷款企业于 2010 年 11 月 15 日贷款，在发放贷款后 12 天即进行更名，说明它已经做好了逃避债务的准备。

3. 按规定第三次拍卖价格可下降 20%，但甲银行通知法院本次只下降 9%，致使法院第三次拍卖失败，这是不按市场规律办事的结果。

# 案例 010：银行多重防火墙失效的深刻教训

—— 诉讼清收效果不佳，保险单无法理赔

**本案例清收处置路径：催收→诉讼→收回小部分本金**

## 案例简介

2011 年 12 月，甲银行某支行给予某森公司 1 620 万元人民币的保理业务授信额度，于 2012 年 3 月 20 日、2012 年 4 月 13 日、2012 年 5 月 31 日分别发放贷款人民币 562.88 万元、288 万元和 112.5 万元。放款后该保理业务授信发生风险信号。

放款后该支行对某森公司的应收账款回款情况进行监测,发现截至2012年5月中旬,只有某下游企业客户在2012年4月9日回款28.623 5万元人民币,其余下游企业暂无回款记录。在2012年6月25日收到另一下游企业客户回款30万元人民币外,其他下游企业依然没有回款。分行贸金部在留意到某森公司回款较少的情况后,也在该年6月多次与某支行联系督促某森公司尽快回款,并在应收账款到期日逾期后第一个工作日,即该年7月2日及逾期后15日,即该年7月11日,向某森公司送达"保理业务逾期催收函",督促做好下游企业的回款催收工作。

某支行也积极与下游企业客户直接联系,发现部分下游企业客户反馈的情况与某森公司反映的有异,便派人到该公司的一些下游企业客户进行实地逐一核查,并对另一些下游企业客户进行了电话核查。

### 成因分析

1. 某森公司存在虚假交易。经过核查,初步发现该公司的一些下游企业客户在2012年3月至6月有回款,但被某森公司通知划至某发展银行或其他银行账户;某一下游企业客户确认债权转让但应收账款没到期尚未付款,承诺会按期付款;而另一下游企业客户自称对某森公司的购销合同、发票及融资行为不知情,存在虚假交易的可能。

2. 伪造应收账款转让通知书的快递单。在核查过程中,发现某森公司在甲银行发放贷款前向下游企业客户寄达的应收账款转让通知书的快递单为伪造,实际没有寄送。

3. 贷款被挪用归还民间融资高利贷。在催收过程中,在支行逼问下,某森公司承认在甲银行贷款前,该司及其实际控制人欠有较大金额的民间融资。甲银行的贷款以及被挪用的回款大部分经多次转账后最终用于归还该公司此前的民间融资。

### 清收措施

甲银行某支行发现某森公司存在重大风险隐患后,立即向分行汇报，2012 年 7 月 17 日分行主管行长召开了支行、贸金部、合规部、保全部等部门参加的会议，讨论并分析了案情，最后决定马上诉讼，确定向公证处申请强制执行。

2012 年 7 月 20 日，甲银行向公证处申请执行证书，申请执行金额为 9 047 565 元人民币（含三笔贷款，第一笔为 562.88 万元、第二笔为 288 万元、第三笔为 112.5 万元，合计为 963.38 万元，已归还 58.623 5 万元）。

2012 年 7 月 21 日，公证处回复，由于只有第一笔贷款期限到期，公证处仅同意出具第一笔金额的执行证书。鉴于甲银行担心被执行人转移资产，同时又急需起动查封、冻结程序，综合该案紧急现状，甲银行保全部、法规部及某支行和律师事务所通过综合沟通和讨论，同意公证处暂出具第一笔贷款的执行证书。由于被执行人何某某不同意由其夫人签收公证处送达的通知书，考虑到执行证书应尽快出具，故暂且同意公证处先出具对某森公司和何某某的执行证书。2012 年 7 月 25 日，公证处出具对某森公司和何某某的执行证书，执行金额为 5 042 565 元人民币。

2012 年 7 月 26 日，甲银行向某法院提交申请强制执行书及相关材料；7 月 27 日，某法院出具"受理申请执行案件通知书"，领取相关材料，通知七天内将案件移交执行庭；7 月 30 日，律师到法院协调，要求将案件尽快移送执行局，确保可尽快查封被执行财物。经过与法院协调，立案庭同意次日将案件移送执行庭，执行庭收案后确定了经办人。2012 年 8 月 2 日上午，甲银行陪同法院（九人）到被执行人位于某地的仓库，查封了被执行人仓库内的货物。8 月 3 日，查封被执行人的房屋及汽车，同时查封被执行人的账户。

但是，在 2012 年 6 月 29 日授信业务到期企业无力偿还甲银行贷款，甲银行于 2012 年 7 月 3 日采取补救措施，向某森公司某一下游企业客户快递送出"应收账款债权转让通知书"时，甲银行客户经理填写该通知书误将"2013"写成"2012",转让标的为"(借贷)公司与该下游企业客户 2012 年 3 月 1 日之前签署的全部贸易合同项下的全部应收债权",亦没有送达商业发票,虽然该下游企业客户在该"应收账款债权转让通知书"上盖章予以确认。但最终因这次失误错过了最后的补救机会。虽然 2012 年 10 月 12 日甲银行起诉该下游企业客户,但该应收账款债权案败诉。本案例诉讼三年多收回 30 万元,效果较差,教训深刻。

## 案例启示

1. 第一防火墙——保理产品设计问题。该国内有追索权保理产品银行只要求客户提供《应收账款转让通知书》的快递单,不要三方签订《合同》,为伪造者提供了方便之门,造成应收账款转让通知环节出现问题。经核查,提供给甲银行的借贷企业向下游企业客户所寄达的《应收账款转让通知书》的快递单为伪造,实际上没有寄送。

2. 第二防火墙——第一还款来源不实。客户经理对第一还款来源调查不实,对借款人经营情况的分析写为:"公司经营状况十分良好,信用良好,具有很强的还款意愿和还款能力。"未能发现该公司及其实际控制人欠有较大金额的民间融资,造成甲银行贷款被挪用归还民间融资等问题。

3. 第三防火墙——第二还款来源担保人失效。客户经理没有严格按甲银行授信放款要求实行面签。随着甲银行某分行保全催收工作的深入,发现借款担保人在合同上的签名存在瑕疵。

4. 第四防火墙——授信后无跟踪检查。最后一笔放款业务是 2012 年 5 月 31 日,比最后到期 2012 年 6 月 29 日时间还不到一个月;2012 年 6 月 5 日,管户客户经理在 CECM 系统提交《报告》称:"企业目前的经营情况正常,因此有理由相信其有按时还本付息的意愿。"与到期无力偿还甲银行贷款,时间仅间隔半个多月。

5. 第五防火墙——补救措施失效，2012 年 6 月 29 日，授信业务到期企业无力偿还甲银行贷款。2012 年 7 月 3 日采取补救措施，通知书误将"2013"写成"2012"，转让标的为"（借贷）公司与某一下游企业客户 2012 年 3 月 1 日之前签署的全部贸易合同项下的全部应收债权"，亦没有送达商业发票，虽然该下游企业客户在该《应收账款债权转让通知书》上盖章予以确认，但对甲银行债权转让无效。甲银行起诉该下游企业客户应收账款债权败诉。

6. 第六防火墙——保险公司保险单理赔失败。《应收账款转让通知书》的快递单为伪造，使保险公司开具的受益人为甲银行的国内贸易信用保险单成为白纸一张。

# 案例 011：政府项目投资失败，导致停产关闭多年

## ——诉讼收回部分贷款

**本案例清收处置路径：催收→诉讼→收回部分本金**

### 案例简介

从 1988 年开始，原乙银行某分行陆续与某针织纺纱厂及某针织品（集团）有限公司签订了三笔外汇贷款合同，发放贷款本金合计 8 898 450.91 美元。三笔贷款均由某纺织工业总公司和某市计划委员会提供信用担保。

1997 年，某针织品（集团）有限公司因经营不善导致关闭，贷款转由实际用款人某针织纺纱厂筹建指挥部承接。某针织纺纱厂正式注册登记后又转为该厂承接。

该厂的前称是"某针织纺纱厂筹建指挥部"，于 1987 年成立。1988

年，该市政府向国家计委申请"七五"项目成功。某纺织集团总公司为筹建该针织纺纱厂，以某针织品（集团）有限公司的名义向原乙银行某分行申请外汇贷款，用于"该针织品集团'七五'期间发展出口产品扩建投资项目"。企业在取得贷款后，将款项用于引进年产三万锭优质针织品专用生产设备。但由于建设期的配套资金不足，项目的建设断断续续，直至1997年才基本建成投产，以某针织纺纱厂为名正式登记注册。由于项目资金全部靠贷款支撑，建设期过长，加上当时我国正处于计划经济与市场经济并轨时期，资金成本利息高昂，导致生产出的产品成本偏高，在市场上没有竞争力，无销路，产品积压严重。因产品销路不佳，银行不发放配套流动资金，企业流动资金严重不足，企业投产运作几个月后即告停产。

担保人之一的某纺织工业总公司系行政主管部门，其本身无财产，不具备担保资格；另一担保单位某市计划委员会也系政府行政管理机关，同样不具备担保能力。

## 成因分析

该笔贷款形成不良的原因是多方面的：

一、企业方面

1. 项目在建设初期，恰遇国家经济政策的宏观调整，是计划经济和市场经济并轨时期，各项相关的政策进行调整；同时提供项目相配套流动资金的各家金融机构，因政策的变化和体制的改革，没有按计划提供流动资金，使整个项目无法按预定的计划建成投产。

2. 建设期原材料价格上涨，建设期相配套的资金不到位，致使建设期延长，打乱了整个建设计划；企业为完成建设项目，迫使向市场高价融资，增加了成本，由于项目无法按期投产，使企业负债累累，最终导致停产关闭。

二、银行方面

1. 原乙银行在开发该项目贷款时，经办人员对项目的可行性估计不足，没有前瞻性；对项目所需要的自筹资金评估不准确，造成项目建设出现资金不落实，投资项目长时间不能完成，无法产生预期的效益。该项目原计划一年建成投产，4 年可还清贷款本息，但由于建设资金严重不足，项目建设拖延了 10 年才正式完成投产，使企业增加了近亿元的利息成本，企业债务越滚越大，债台高筑。

2. 担保单位没有经济实力，无法代为偿还。两担保单位均为行政管理机关，不具备担保能力。

3. 错过了最佳清收时机。原乙银行发放贷款后，发现企业不能归还贷款利息，没有及时进行催收，又没有及时采取法律手段进行清收，错过了最好的清收时机。

4. 经办人员责任心不强，不及时主张权利，丧失了对担保方的追索时效。

## 清收措施

1999 年 3 月，甲银行接管原乙银行时，该贷款已失去对担保单位某市计划委员会的追索时效。甲银行接管后积极向借款人和担保人进行催收，经多方努力后均无效果。

2002 年 7 月 24 日，甲银行向某省高级人民法院对借款单位某纺纱厂、担保单位某纺织工业总公司、某市计划委员会提起诉讼，并由总行指定北京某律师事务所代理。该省高院在 2002 年 9 月 26 日开庭审理此案。2003 年 10 月 26 日，省高院以民事判决书做出一审判决，认为某市计划委员会于 1996 年 8 月 15 日（原乙银行时）向原告出具的担保函以及原告在 2000 年 7 月 28 日向某市纺织工业总公司的催收都属于重新设立担保关系，没有约定保证期间，保证期间依法约定为 6 个月，原告没有在法定期间催收，故保证人可以免责。判令：（1）某纺纱厂将借款本金 8 837 369.13 美元及利息偿付给甲银行某分行；（2）驳回甲银行某分行要求某市纺织工业总公司、某市计划委员会承担担保责任的诉讼请求。

在诉讼期间，甲银行及代理律师向法院做了大量的工作，并从原乙银行、财政部、最高人民法院等找到多方有力的证据，以证明该笔贷款的性质和反驳对方的异议，迫使对方休庭时提出与甲银行协商。于2002年9月13日下午由原、被告四方（银行、市计委、纺织工业总公司、某纺纱厂）共同召开会议，协商贷款纠纷的解决方案。从此次《会议记要》的情况来看，被告方的态度是积极的。但在一个月之后，某市计委通过种种渠道给法院施加压力。最终法院在权衡利弊后做出了上述免除担保责任的一审判决。

判决生效后，甲银行于2004年5月向省高院申请强制执行，省法院受理后指定某市铁路运输中级法院代为执行。由于某纺纱厂位于某市的厂房及土地使用权100亩，是甲银行实现债权的唯一的财产线索，因此甲银行要求法院尽快拍卖上述厂房及土地使用权。甲银行诉讼期间曾要求代理律师申请查封该土地使用权，当时代理律师告知，上述土地使用权已被某区城市信用社申请某区人民法院查封，但其由于标的小及其他复杂的原因（查封的土地尚欠农民补偿费及政府的部分土地出让金）无法启动拍卖程序，从而甲银行也无法重复查封。铁路法院在协调某区法院处理另两起执行案的过程中得知，某纺纱厂的上述厂房及土地使用权已被某市中级人民法院另案查封并进行拍卖。甲银行立即请求铁路法院向某中院申请分配，并将此紧急情况通知代理律师要求其立即找某中院进行协调。代理律师在2004年11月上旬到某中院与承办法官联系，了解到上述厂房及土地使用权被查封及拍卖的大致情况，某中院对此前被某区法院查封的土地使用权进行了查封并公开拍卖，成交价为人民币三千多万元（不包括地上物及设备）。由于被拍卖土地的取得方式及相关手续尚存在很多问题，办理过户手续所需时间较长，原地上物及设备初步估价六百多万元，另行处置。甲银行参与执行的债权人有四家，甲银行债权额最大。2008年拍卖得款3 600万元人民币，法院分配甲银行906万元。

## 案例启示

1. 对项目的可行性估计不足。在地方政府的安排下，忽视对项目的可行性评估，对项目所需各项建设资金预测不准确，造成项目建设出现资金不到位，投资项目长时间不能完成的情况，无法产生预期的效益。企业负债累累，最终导致停产关闭。

2. 行政机关担保，毫无代偿还款能力。两担保单位均为行政管理机关，不具备担保能力。

3. 诉讼清收艰难。法院对行政机关免除担保责任的判决，从中可以看到行政机关作为担保的风险所在。最后法院对查封的土地使用权进行了查封并公开拍卖才收回了部分贷款。

# 案例012：商铺抵押物被拆除的风险化解

## ——通过诉讼争取抵押物拆迁补偿款

**本案例清收处置路径：催收→诉讼→收回大部分本金**

## 案例简介

2000年5月26日，甲银行向借款人某商场发放贷款人民币1 200万元，期限1年。借款合同在某省公证处办理了公证手续，由借款人股东拥有的三家公司和一家商场提供连带责任保证；并提供位于某市某座楼房的首层及骑楼等房产为该笔贷款提供抵押；以某商场的租赁权提供质押，签订了质押合同。但由于招商不顺利，导致经营情况恶化，借款人最终被迫停业，无法按时偿还贷款。

## 成因分析

1. 借款人投资经营失败。在投入巨资对商场装修扩建后，营业场地招租受阻，自身又经营不善，形成巨额亏损，入不敷出，使流动资金愈加紧张，最后因为资金枯竭而被迫停业。

2. 担保人皆为空壳公司，无担保代偿能力。

3. 受当地政府道路规划等政策影响，原经营场地被拆除，导致无法继续经营，无力归还借款。

4. 受拆迁影响，抵押物不能按市场价格转让和赔偿，严重缩水，直接影响贷款的偿还。

## 清收措施

借款人已停止经营活动，原经营场地已被拆除，担保单位或营业执照被注销，或多年不年审营业执照被吊销，无担保代偿能力；经过多年的催收、诉讼和执行，抵押物已被拆除，拆迁款已归还甲银行部分贷款，再查已无其他可供执行的财产，法院已裁定终结执行。

该贷款当时是为某商场装修而发放的。商场装修营业后，由于招商未果，大片营业面积空置，商场入不敷出，借款人无法偿还贷款。2001年3月16日该市房地产管理局发布公告，因城市建设需要，该商场经营地点在该市市政工程拆迁范围内，属拆迁物业。甲银行分别向该市市政园林局、市道路扩建工程办公室发函主张甲银行的拆迁补偿费优先受偿权。但该市道路扩建工程办公室明确告知甲银行，不同意将拆迁补偿费交给甲银行，经多次交涉、催收，借款人在2003年1月偿还了本金人民币1 760 606元。

甲银行即对某商场提起诉讼。并向法院申请了财产保全。2005年6月，因担保人的营业执照已分别被工商部门吊销或注销，甲银行仅对该借款人提起诉讼。在诉讼过程中，甲银行与该市道路扩建办公室及何某某达成协议，于2005年12月13日取得甲银行抵押物的拆迁补偿款

8 184 171.00 元。本项目共清收回贷款本金 979.55 万元，本金回收率为 81.63%。

## 案例启示

1. 贷前调查不重视第一还款来源，对借款人提供的抵押物太过乐观，没有考虑到可能会出现的风险及变现价值，对担保企业真实的经营状况未做细致的了解。

2. 贷款审查和审批流于形式。贷后管理监管不力，特别是对于政府在贷款期内将拆迁营业场地估计不足，政府拆迁补偿费不足值，给甲银行贷款带来损失。

# 案例 013：远期不可撤销信用证垫款的风险化解
## ——诉讼保全，处置保证人的房产

**本案例清收处置路径：催收→诉讼→收回部分本金**

## 案例简介

1997 年 11 月，甲银行根据某进出口公司申请，向其授予总额不超过二百万美元的开立信用证循环额度，由某省公司和某海集团为其履行在上述信贷额度内开立的信用证项下的付款义务提供连带保证。1998 年 3 月 5 日和同年的 4 月 24 日、4 月 30 日及 5 月 22 日，甲银行为其开立了远期不可撤销信用证，金额分别为 148 000 美元、173 500 美元、106 794 美元和 296 250 美元。上述信用证分别于 1998 年 3 月 24 日、7 月 30 日、8 月 6 日和 8 月 23 日到期。由于该进出口公司未及时履行付款责任，导致甲银行不得不为其垫付上述信用证项下款，不得不在 1998 年 3 月 24 日、7 月 30 日、8 月 6 日、8 月 23 日分别为其垫付信用证项下款 16 333 美元、113 200 美元、74 699.17 美元和 160 200 美元，合计垫款 364 432.17 美元。甲银行于 1999 年 4 月 19 日起诉。甲银行起诉后的 2000 年 6 月 23 日，又发生垫款 82 000 美元，本笔垫款就没有纳入诉讼中，甲银行实际垫款额为 446 432.17 美元。但某进出口公司已停止经营活动。担保人之一某省公司系借款人的上级公司；另一担保人为某海集团。

## 成因分析

1. 贷前调查不深入，是发生本次垫款收不回来的最主要原因。据法院查明，早在 1997 年 8 月 6 日，某省公司与某海集团曾签订一份转让协议，约定：某省公司同意将下属全资子公司某进出口公司完全转让给某海集团，某海集团享有对某进出口公司的全部权利和业务，该协议业经某省外经贸委审核批准并正式生效，某进出口公司已于 1997 年年初停止经营，这些情况甲银行在进行贷前调查时却一无所知。甲银行还在 1997 年 11 月向某进出口公司授予开立信用证循环额度，1998 年 3 月 5 日起才开始开立信用证。以某进出口公司提供的虚假资料审批的授信无法保证其还款能力。

2. 贷后管理不到位。在企业未能正常经营，出现欠息、经营严重恶化等预警信号后，未能及时采取相应措施，采取有效的清收手段，化解垫款风险。

3. 由于不掌握借款、担保人之间的转让实情，担保人某省公司在法院庭审时，提出不知担保事宜，请求法院将案件移送公安部门处理，在二审上诉阶段，造成本案达三年时间仍未审结。

## 清收措施

信用证垫款后，甲银行对借款人和担保人进行了多次追讨，均无成效后，为保护自身的合法利益，于 1999 年 4 月委托某律师事务所向某市中级人民法院提起诉讼，同时进行诉讼保全。某中院于 1999 年 6 月 7

日裁定查封了保证人某省公司位于某市某区某大道的六套房产和位于某市某区仓库区房产及货仓房产。其中所查封的房产，根据某市的有关规定，查封有效期仅为半年，故自 1999 年 6 月至 2002 年 12 月，甲银行已随某中级人民院的法官前往查封达 8 次。某中院经审理后，于 1999 年 12 月 13 日下达民事判决书判决甲银行胜诉。某进出口公司和某省公司不服一审判决，于 2000 年 2 月 20 日提起上诉。省高院受理该上诉案后，于当年 6 月初开庭审理此案，甲银行代理律师于 2000 年 6 月 28 日和同年 8 月 18 日向省高院出具了代理词和补充代理词。之后，省高院迟迟未做出终审判决，致使甲银行的权利长期处于未定状态。

在 2003 年 1 月 16 日省高院公开日之际，甲银行向省高院发函反映了该案二审异常延期判决的情况。在甲银行的努力下，省高院终于在 2003 年 1 月 22 日做出维持原判的最终判决，甲银行胜诉。判决生效后，甲银行向某市中级人民法院申请强制执行。保证人某省公司总经理同财务经理和法律顾问于 3 月 28 日到甲银行，协商沟通对已生效法院判决的履行计划。鉴于某省公司位于某市某区某大道的两套房产已卖给职工并进行了房改，位于某市某区的仓库区房产及货仓房产已抵押给其他银行。借款人某进出口公司 1997 年初早已停止经营，某海集团在甲银行起诉时已下落不明，保证人某省公司也多年来一直亏损经营，但这家早已资不抵债的担保单位成为唯一可能承担生效判决书责任的主体。

经与某省公司多次协商，在某省公司归还甲银行贷款 120 万元人民币的前提下，甲银行解除对位于某区的两套房产和某市某区仓库区的房产及货仓房产的查封，对位于另一地点的 4 套房产进行依法拍卖。2004 年 7 月 7 日和 2004 年 12 月 31 日甲银行分别从某省公司和某中院收到执行款 120 万元人民币和房产拍卖款 150 万元人民币。

## 案例启示

1. 这是一笔贷前调查严重失误的信贷业务。借款人已于 1997 年初停止经营，这些情况在进行贷前调查时却一无所知。甲银行是在 1997

年 11 月，向某进出口公司授予开立信用证循环额度，1998 年 3 月 5 日起才开始开立信用证，以某进出口公司提供的虚假资料审批的授信，停止经营的借款人无法保证其还款能力。

2. 诉讼房产拍卖收回部分贷款。在追讨无成效的情况下，向法院提起诉讼，及时执行借款人和保证人财产。由于诉讼及时才向保证人追讨收回部分被骗的贷款。

## 案例 014：用未确权的地下车库抵押产生风险

### ——诉讼时难以拍卖处置

**本案例清收处置路径：催收→诉讼→收回部分本金**

### 案例简介

2000 年 5 月 10 日某房地产开发有限公司向甲银行申请办理流动资金贷款人民币 500 万元，期限一年，以位于某街某号的商品房及位于某路某大厦地下室负 2 层 23 个车位的 983.74 平方米作抵押。

2000 年年末，该公司开发的"某市场大厦"项目完工，由于该公司主要靠银行贷款维持整个工程的建设，高负债使该公司的还债压力很大，开发的"某市场大厦"国际玩具精品广场一部分商铺是出租的，收入有限，加之企业将销售回笼资金抽去用于其他项目，造成拖欠各银行贷款数额很大，无法清偿。

### 成因分析

1. 借款人自有资金少，主要靠银行贷款进行房地产开发，开发后又将销售回笼资金抽去开发其他项目，不偿还甲银行贷款，甲银行的贷款无法收回。

2. 甲银行客户经理对某开发公司贷款调查不实，贷款抵押物无合法登记。甲银行贷款以负 2 层车库及三套住宅作抵押，未能确权的地下车库无法拍卖，使该笔贷款无法收回。

## 清收措施

2001 年年底，贷款出现逾期不能归还，多次催收未果的情况，甲银行于 2002 年 11 月委托某律师事务所针对某房地产开发公司贷款欠息违约一事，向某区法院提起诉讼，该区法院以民事判决书判决某开发公司归还甲银行贷款本息，判决后进入申请执行拍卖阶段。未能确权的地下车库无法拍卖，但经多年的努力，2010 年抵押物拍卖终于收回了 3 085 884.64 元人民币。

## 案例启示

这是一例用未确权的地下车库办理抵押贷款事件。由于某房地产开发公司将销售回笼资金抽走，不偿还甲银行贷款，未能确权的地下车库又无法通过法院拍卖收回。案例证明在办理贷款抵押时，抵押物一定是已经确权的，否则一旦出现风险银行就无法处置收回贷款。

# 案例 015：借款人是某市三大金融诈骗案企业之一

## ——诉讼清收 14 年未结果

**本案例清收处置路径：催收→诉讼→收回部分本金**

## 案例简介

1999 年 5 月 20 日，甲银行某支行向某经济公司发放短期贷款 300 万元，贷款期限三个月。这笔贷款由其关联企业某商大厦提供抵押担保，抵押物为某商大厦的预售房产"×××大厦"第十层部分物业。该大厦共42层，当时为在建工程，抵押物建筑面积1 009.76平方米，协议评估价为1 000万元人民币。2002年4月22日借款人被某市工商行政管理局吊销营业执照。担保人某市某商大厦开发有限公司成立于1994年12月31日，2005年开始不办工商年检。

## 成因分析

1. 借款人涉嫌金融诈骗。贷款发放不久，借款人和担保人都因存在非法集资行为，被公安机关查封财产、冻结账户，企业停止经营无还款能力，抵押物又成烂尾楼，难以变现，债权无法保障。

2. 借款人与担保人是关联企业，担保人（某商大厦）开发后续资金不足，资金管理混乱。为骗取银行信任，早日获得贷款，借款人是以流动资金周转的用途为理由，申请三个月的短期贷款，致使贷款发放后很快就进入催收状态。

3. 甲银行某支行违规放贷，先放贷后报分行审批。该支行在开展业务时，片面追求规模和短期效益，调查不实，未及时揭示风险隐患，盲目放贷。

4. 高估抵押物，不利甲银行实现债权。抵押物当时为在建工程，存在较大的风险，该在建工程被公安机关查封后成为烂尾楼，根本无法实现甲银行债权。

5. 贷后管理不善，错过最佳清收时机。贷款于1999年8月20日到期，而同年11月中旬借款人的账户才被全部查封。

## 清收措施

担保人是借贷公司的关联企业，担保人（某商大厦）因开发×××大厦涉嫌金融诈骗，是该市三大金融诈骗案之一。1999年7月9日，该市公安局查封了某商大厦投资开发的×××大厦7~11层房产，并冻结其账户；随后，借贷人亦被查封资产、冻结账户。

2000 年 9 月 26 日，甲银行向该市某区法院起诉。2000 年 11 月 15 日，该区法院以《民事判决书》判决甲银行胜诉，要求借贷公司偿还甲银行贷款本息。判决书生效后，甲银行随即申请强制执行。但该公司资产被查封、账户被冻结，实际上已停止经营活动，没有收入来源，无可供执行财产。借款人一直拖欠甲银行贷款本息。2005 年 6 月，法院裁定中止执行，诉讼清收 14 年未有结果。

### 案例启示

1. 甲银行某支行先放贷款后报分行审批。从这笔贷款的发放到形成呆、坏账的整个过程，反映了甲银行经营管理过程中出现的问题；也反映了某支行违规放贷，先放后报分行审批出现的严重问题。

2. 贷款支行受金融诈骗。向某市三大金融诈骗案企业之一发放贷款，既贷前对企业不深入了解，又加上绕开分行审批环节。企业因涉嫌金融诈骗，公安局查封处置的时间比较漫长，这是银行应该认真吸取的深刻教训。

## 案例 016：抵押物价值严重高估

——抵押物处置完毕后，无法复盖本息

**本案例清收处置路径：催收→诉讼→收回部分本金**

### 案例简介

1998 年 3 月 26 日原乙银行某支行向某公司发放流动资金贷款人民币 1 000 万元，期限 1 年，同时双方签订了抵押合同。双方约定该笔贷款由某公司提供位于某市某区某幢整座的房地产作为贷款抵押物，房产建筑面积 4 128 平方米，抵押物在国土房产部门办妥了相关的抵押登记手续。

甲银行接收乙银行后，考虑到某公司尚拖欠在原乙银行开立的二笔远期信用证垫款，经讨论决定并报经总行批准，为某公司化解信用证垫款进行债务重组，发放贷款1笔，用于某公司购买外汇还清欠甲银行某支行两笔信用证项下的垫款。

1999年6月17日原乙银行某支行某分理处与该公司签订贷款合同，向该公司发放流动资金贷款人民币1 000万元，贷款期限为半年，由保证人某经济特区某发展有限公司承担连带责任担保，同时双方还签订了抵押合同，由该公司提供位于某市某区某工业城某片区的整宗土地及地上建筑物作为该笔贷款的抵押物，其中：土地面积10 751平方米、地上11幢建筑物面积合计8 931平方米，这些抵押物的所有权人均为某经济特区某铜业公司，而且都在有关部门办妥了相关的抵押登记手续。

借贷公司从1999年开始，由于市场和经济环境变化以及自身投资的严重失误，加上其主要股东因股份转让引发一系列风波，导致该公司流动资金被大量占用和挪用，资金周转极端困难，经营处境每况愈下，主营业务基本停顿，经营性亏损巨大。到2000年该公司已全面停止经营，根本无能力偿还贷款。

## 成因分析

一、企业方面：

1. 由于借款公司未建立完善的公司治理结构且经营不善，自1999年以来，财务状况持续恶化，累计亏损巨大且已资不抵债，被迫停止经营活动多年。

2. 借款公司存在多起诉讼，主要经营性资产及股票、债券等资产已被法院查封且拍卖处置，已丧失对资产的控制权和继续生产能力。由于连续三年亏损，2002年9月5日被终止上市。

3. 担保人某经济特区某发展有限公司属民营企业，于2001年12月11日被工商行政管理部门吊销营业执照。

二、银行方面：

1. 授信调查不深入、不全面。高估借款人、担保人履约能力，未能对抵押物价值进行有效评估，乐观估计了抵押物价值和变现能力。

2. 贷款审查、审批流于形式。未能严格按照规章制度，履行审查、审批的要求。对担保单位和抵押物审查不严，未能对抵押物价格，抵押物所在位置和处置变现能力等进行综合评估，这在审查审批时没有引起足够的重视。

3. 贷后管理不力。没能通过日常贷后检查发现借款人和担保人及抵押物存在的风险预警信号。未能及时发现借款人、担保人的经营发生不利变化，从而错过了降低风险的最佳时机。

## 清收措施

借款公司两笔贷款陆续到期的时间，刚好是甲银行 1999 年 3 月接收原乙银行后不久。甲银行某支行曾多次向该公司发出逾期贷款催收通知书，对两笔贷款进行催讨，该公司也一直予以签章确认，而且在 2000 年以前没有欠息，但从 2001 年下半年开始，就再没有支付过利息。

鉴于上述情况，甲银行某支行于 2002 年 3 月向某市中级人民法院（以下简称某中院）提交民事起诉状，分别起诉该公司欠甲银行某支行的两笔贷款。某中院于 2002 年 4 月 12 日同时立案受理，并分别于 2002 年 6 月 20 日和 2002 年 8 月 16 日下达民事判决书，判决甲银行某支行胜诉。

判决生效后，借款公司没有在判决书限定的自觉清偿债务的期限内履行清偿义务，甲银行某支行于 2002 年 8 月 1 日向某中院申请第一笔贷款低押物的强制执行，某中院于 2002 年 8 月 12 日立案执行，并于 2002 年 9 月 18 日做出民事裁定书，裁定拍卖该公司提供的为该笔贷款作抵押的房地产。某中院于 2002 年 10 月 23 日委托某市某土地房产评估事务所有限公司对贷款抵押物进行评估，评估估值为人民币 6 764 417 元；2002 年 11 月 25 日委托某市某拍卖有限公司执拍，经多次拍卖流拍后，于 2005 年 4 月 19 日以调降后的底价人民币 4 058 651 元拍卖成交。扣除相关费用后，2006 年 8 月 3 日法院将拍卖执行款 2 534 464元划到甲银行某支行，扣除费用共收回该笔贷款本金 2 472 515 元。

甲银行某支行于 2002 年 11 月 18 日又向某中院申请对第二笔贷款抵押物的强制执行。某中院于 2003 年 4 月 23 日立案执行并做出民事裁定书，裁定查封、拍卖该公司提供的作为贷款抵押的土地及地上建筑物，并于 2003 年 7 月 23 日委托某市某房地产评估事务所对该公司的贷款抵押物进行评估，评估结果为总价人民币 1 121.90 万元，其中土地总价 434.4 万元，建筑物价值 687.5 万元。

本案在执行过程中，由于案外人提出异议需法院审查，某中院于2003 年 11 月 4 日裁定本案中止执行。在法院审查完毕并驳回案外人的异议申请后，甲银行某支行于 2006 年 1 月 6 日向某中院申请对该案恢复强制执行。由于贷款抵押物早在 2003 年就已评估，超过规定有效期限，法院又委托原评估公司进行重新评估，按评估公司 2006 年 10 月最新评估值为人民币 868.86 万元，其中土地总价 342.57 万元，建筑物价值 526.29 万元；并委托该市某拍卖有限公司执拍。拍卖行于 2007 年 6月 15 日在某某日报三次刊登拍卖公告，于 2007 年 8 月 6 日以 6 647 074元拍卖成交。扣除相关费用后，2009 年 1 月 5 日法院将拍卖执行款5 937 372 元划到甲银行某支行，共收回该笔贷款本金 5 876 001 元，冲销原垫付的案件受理费 61 371 元。至此，该公司两笔贷款的抵押物已执行处置完毕，本金回收 835 万元，回收率仅为 41.74%。

## 案例启示

1. 未能重视第一还款来源的贷前调查工作，严格审查借款人的经营状况、市场前景等问题。

2. 对第二还款来源的情况分析不全面，未能严格审查担保人履约担保能力，未能对抵押物价值进行有效评估，乐观估计了抵押物价值和变现能力，这是本笔授信业务引起损失的主要原因。

# 案例 017：异地租赁设备项目失败，贷款难以回收

## ——租赁设备及租金的处置方案

**本案例清收处置路径：催收→诉讼→收回部分本金**

### 案例简介

1992 年年底，原乙银行某省分行向某玻璃纤维厂以租赁方式引进年产 1 500 吨玻璃钢管道、贮罐生产线。1992—1994 年原乙银行分三次共投放外汇资金 293.5 万美元。1999 年甲银行整体接收原乙银行业务后，承接了此债权。

原乙银行分三次共投放外汇资金 293.5 万美元的具体情况是：

1. 1992 年年底，原乙银行某市分行向某玻璃纤维厂以租赁方式投放外汇资金引进年产 1 500 吨玻璃钢管道、贮罐生产线，金额 208.5 万美元，期限 4 年。

2. 1993 年 2 月 26 日，原乙银行又向该厂投放贷款 15 万美元，用于购买生产用铂金钳锅，期限一年。

3. 1994 年年底，租赁设备到货后，由于国内模具加工精度和光洁度达不到技术要求，原乙银行再向该厂追加租赁融资贷款 70 万美元，用于引进意大利产玻璃钢管、罐生产配套模具，期限 4 年，由某市信托投资公司保证。项目融资利息和租赁费按 5 年期美元贷款利率计算，每 6 个月调整一次。

原乙银行向某玻璃纤维厂的租赁项目融资有三个担保人：其一是某市轻纺工业总公司；其二是某市信托投资公司；其三是某化工一厂，后转型为某（集团）股份有限公司。

但是到 1998 年租赁到期时，某市玻璃纤维厂从未支付过租金及利息，担保单位也未能代为偿还。

## 成因分析

一、企业原因

1. 企业建设生产所需的配套资金不落实，使项目无法按期上马投产，直接影响了项目无法按计划产生经济效益，导致项目失败，贷款难以回收。

2. 在建设厂房期间，该厂原生产的玻璃纤维和纤维布，因生产成本高，产品质量差，销路不畅，缺乏营运资金而停产，没有营业收入，租赁风险很大。

3. 担保单位缺乏代偿还能力。担保人某市轻纺工业总公司属于政府行政管理机构，本身无经营收入来源，无代偿还贷款的能力。据调查，某市经纺工业总公司于2001年被当地政府关闭解散；担保人某市信托投资公司也因经营不善，亏损严重，被责令停业整顿，于2005年被工商局吊销营业执照；另一担保人某化工一厂已转制为某（集团）股份有限公司，其担保的合同项下的租金经甲银行诉讼执行已协商还清。

二、银行原因

原乙银行选择租赁设备项目失败，同时原乙银行在开发异地项目贷款时，贷后管理难以到位。某市地处某省西部，距离银行有500多千米远，贷后管理鞭长莫及，不能及时掌握企业的情况，遇到问题也不能适时采取措施。在企业变卖财产度日时，原乙银行虽有向当地政府求助，但终究无法阻止事态的恶化。在得知借款企业抵押出卖用银行贷款购进的铂金坩埚后，不能直接追究有关责任人，未及时采取有效的措施保护银行资产。

## 清收措施

1998年，租赁到期后，某市玻璃纤维厂从未支付过租金及利息，担保单位也未能代为偿还。因租赁生产线的担保单位某市化工一厂已转制为上市公司"某（集团）股份有限公司"，原乙银行遂起诉了第一笔融资租赁款，因考虑诉讼成本问题，没有对1993年2月26日合同项下的贷款及1994年年底合同项下的融资租赁同时诉讼。在法院审理过程中，甲银行接收原乙银行，后经法院调解，担保人某（集团）股份有限公司代某市玻璃纤维厂归还了该笔208.5万美元的融资租赁的租金及利息，租赁设备裁定归担保单位所有。因而其担保的1992年年底的合同项下的租金经甲银行诉讼执行已还清。

## 案例启示

1. 从这笔贷款的发放到形成呆、坏账的整个过程，反映了银行经营管理过程中出现的问题：不重视对项目的可行性评估，对项目所需资金、企业自筹资金预测不准确。

2. 担保人没有偿还能力。对担保人是否有担保能力的了解不够；担保人之一是政府行政管理机构，无代偿还能力。

3. 异地租赁项目难管理。当租赁到期后，企业未支付过租金及利息时，异地管理难以到位，形成不良资产难以清收等问题。

## 案例018：抵押物评估过高，严重损害银行权益

——拍卖抵押物优先受偿部分贷款

**本案例清收处置路径：催收→诉讼→收回部分本金**

## 案例简介

2001年1月11日某市某经济发展公司与甲银行签订金额200万元人民币的借款合同，期限一年，用途为流动资金，并经公证机关办理了公证手续。该贷款由个人提供自有的位于某市某区某处房产作为抵押担

保，双方签订抵押合同，在公证机关办理了公证手续，并办理了抵押登记手续；由另两人提供共有的位于某市某镇某处的房产作为抵押担保，双方签订抵押合同，并办理了抵押登记手续。贷款到期后，借款人因经营不善，管理混乱，盲目投资，四处举债，造成资不抵债，被各债权人追讨。2002年下半年后资金紧张，经营活动不正常，最终关闭。

## 成因分析

1. 借款人的内部经营管理混乱。经营模式落后无法适应市场的变化，导致产品滞销和积压。

2. 实行家族式经营。由于借款人内部存在众多的亲戚裙带关系，挤占挪用资金、盲目投资等现象非常严重，致使公司财务状况恶化，入不敷出、负债累累，形成资不抵债的结局。

3. 该公司的法定代表人为了逃债，四处躲避，使该公司业务停顿、人员解散；各债权人的追讨，加速了该公司的倒闭，直接影响甲银行贷款的回收。

## 清收措施

从2001年4月开始，借款人拖欠甲银行贷款利息，主办客户经理进行了多次电话、书面及上门催收，但收效甚微。2004年5月，甲银行对该借款人提起诉讼，某市某区人民法院于2004年11月25日做出民事判决书，判令借款人归还本金200万元及相应利息，甲银行对抵押物折价或者以拍卖、变卖该抵押物的价款优先受偿。判决生效后，甲银行于2005年5月23日向法院申请强制执行，法院依法委托评估机构对抵押物进行评估，其中：某市某区某处房地产评估价值为人民币333 923元；某市某镇某房产评估价值为人民币86.6万元。经多次拍卖后最终成交，在扣除各种相关税费后，甲银行实收1 220 155元，本金回收率为61%。

## 案例启示

1. 不重视第一还款来源。贷前调查工作不认真负责，贷款审查、审批流于形式。甲银行在发放贷款时借款人经营状况已开始出现恶化的苗头，企业负债过高，存在着较大的风险，却仍批准发放贷款。

2. 过于依赖第二还款来源。对抵押物价值评估过高而签订抵押合同，并办理了抵押登记手续，严重损害甲银行权益，为全额清收不良贷款带来困难。

## 案例 019：投资性质空壳公司，用不足值的法人股质押

### ——股权拍卖仅收回贷款本金的 5%

**本案例清收处置路径：催收→重组→诉讼→收回部分本金**

## 案例简介

2000 年 11 月 29 日，甲银行与某市某实业有限公司（简称某实业公司）签订借款合同，借款人民币 2 500 万元，期限 1 年，该笔贷款由该公司提供其拥有的某科教投资股份有限公司 34 019 896 股法人股作为质押，该质押在上海证券中央登记结算公司办理了证券质押登记证明书；2001 年 11 月 29 日到期后，借款人在归还 250 万元本金，余下 2 250 万元贷款在保持原质押物不变的前提下办理了展期，期限半年。借款人某实业公司乃是某集团为了控股上市公司某科教投资股份有限公司而成立的专门公司。该公司的主要职责就是投资和融资，其拥有上市公司某科教投资股份有限公司的 90% 股权。该公司的主要收入来源为投资收益。

## 成因分析

1. 借款人无实际产业和稳定的收入来源，除股权外，再没有实际的资产，属典型的投资性质空壳公司，一旦投资收益受阻，则再无其他收入来源。从 2006 年开始，借款人就未参加工商年检。

2. 借款人关联交易众多，向上有关联控股企业五六家，向下利用控股公司的地位，转移、挪用资金，虚拟利润。

3. 借款人通过粉饰财务报表和眼花缭乱的重组，把上市公司和银行作为提款机，恶意融资，一旦某个环节上出现问题，整个资金链就会断裂，在虚拟的基础上建立的大厦便轰然倒塌，导致无法继续经营，无力归还借款。

4. 因某科教投资股份有限公司受香港欧亚农业事件影响，陷入资金链断节、无法正常经营的困境。

## 清收措施

因某科教投资股份有限公司受香港欧亚农业事件影响，各债权银行闻风纷纷上门清收，使上市公司陷入资金链断节、无法正常经营的困境。

2004 年 6 月 25 日，某市中级人民法院对借款公司持有的"某科教投资股份有限公司"全部 131 279 584 股公司法人股（包括甲银行质押的 1 410 万股）进行了拍卖，每股估价 0.2 元，拍卖总价 2 600 万元人民币，由于没有一家公司交纳保证金，拍卖会宣布流拍；2004 年 9 月 17 日再次遭遇流拍。2005 年 11 月 19 日，成功拍卖上述股权，成交价格折合港币 615.757 9 万元，甲银行所质押的 1 410 万股具有优先受偿权，按比例分得股权拍卖款港币 640 138 元，按当时汇率折合人民币仅为 505 709.02 元，至此甲银行的质押物已完成变现。

## 案例启示

1. 贷款方向性选择问题。向典型的投资型控股和空壳公司贷款，一旦投资收益受阻，则再无其他收入来源。

2. 对提供的质押物太过乐观。没有考虑到可能会出现的风险及变现价值。质押物价值评估过高，严重损害甲银行权益。1 410 万股的股权最后成交收回的价值只有港币 64 万余元。

# 案例 020：银行参与投资的教训
—— 查封企业财产，收回部分款项

**本案例清收处置路径：催收→诉讼→收回部分本金**

## 案例简介

某实业有限公司是一家中外合资企业，总投资 100 万美元。股东由澳门某泰丰行（占股份 60%）、某经济特区某仪器设备厂（占股份 30%）、原乙银行某支行投资人民币 60 万元（占股份 10%）。公司 1990 年成立，成立后经营不善一直亏损。

公司股东为改变以前的亏损局面，采取一系列措施改变经营方向，开发新产品龟苓膏，上市后反应良好。但该公司未把握好机会，内部管理混乱，市场调查分析不周，造成产品积压，错失良机，至 1994 年已处于停产状态，债务重重，诉讼不断。

## 成因分析

1. 借款人属合资企业，由于原企业法人没有认真负责地管理企业，并在上级主管单位免去他法定代表人职位之后，不服从安排，还处处给企业设置障碍，致使企业无法运作，长期处于停顿状态，这是造成贷款形成呆、坏账的客观原因。

2. 信贷员没能就企业的主体资格、还款能力与企业财务状况做出正确分析，调查不深入；信贷管理混乱，贷后跟踪检查不力，造成投资风险失控。这些都是造成损失的主观原因。

**清收措施**

乙银行于 1994 年 4 月 10 日与某实业有限公司签约退股，但企业一直未办理退股申报手续，使乙银行 60 万元投资继续保留。

乙银行经过多次催收未果，向某市中级人民法院提起诉讼，并查封该企业财产，收回款项 1.06 万元，除此之外再无其他资产可执行。2000 年 12 月 4 日法院以民事裁定书终结执行。

某实业有限公司因停业多年，且多年不年检，于 1999 年 5 月 24 日被某市工商行政管理局依法吊销营业执照。

**案例启示**

这是一个银行参与投资的失败案例。银行超越经营范围向企业投资，对企业的了解不够深入，企业内部管理混乱，投资后管理不到位，是造成资金损失的主要原因，这是银行应该从中认真吸取的教训。

# 案例021：利用建设项目骗取巨额贷款和投资

## ——抵押的财产无法处置

**本案例清收处置路径：催收→诉讼→收回部分本金**

## 案例简介

借款人某经济特区某工业邨开发有限公司以开发某工业邨和某园大厦为理由，向原乙银行申请了下列贷款：

1. 原乙银行于1996年12月27日，与某经济特区某工业邨开发有限公司（以下简称某工业邨公司）分别签订贷款合同三份和抵押合同二份，发放三笔短期流动资金贷款，均由某工业邨公司提供抵押担保。具体为：（1）金额128万美元，期限7个月，抵押物为某市某园大厦2~5层写字楼的房产，抵押面积6 967平方米；（2）金额1 600万元人民币，抵押物为某市某园大厦2~5层写字楼的房产，抵押面积6 967.46平方米（与前笔贷款为同一抵押物）；（3）金额700万元人民币，抵押物为某市某园大厦18~22层写字楼的房产，抵押面积6 168.45平方米。上述三笔贷款的抵押物当时均办理了公证，并在房地产管理部门办理了抵押登记手续，但无书面证明。

2. 1997年12月31日原乙银行再与某工业邨公司签订贷款合同，发放短期贷款人民币1 150万元，期限1年，抵押物为某市某园大厦15~16层写字楼的房产（抵押面积2 612.34平方米）和某高级公寓第9层A、B单元，第12层A单元，第15层A、D单元，第16层C、D、E单元，第23层A、B、C、D单元的房产（抵押面积2 061.08平方米）。上述抵押物当时只办理了公证，未在房地产管理部门办理抵押登记手续，某经济特区某开发有限公司出具了担保书，承诺为本笔贷款提供连带责任担保。

3. 1992 年 8 月 15 日，原乙银行与某工业邨公司签订合作营建某园大厦合同，合作期限为五年，并于 1992 年 8 月 20 日投入合作资金 50 万美元。该合同第四条约定：自投资之日起的五年内，无论某园大厦的营建情况或结果状态如何，某工业邨公司应负责向原乙银行无条件地偿还 50 万美元，并享有固定分红和获得投资的担保或抵押。该投资款名为合作，其实质应为借款，在投资款到期后，不但未收回投资，反而允许其延期使用，变相帮助某工业邨公司解决因开发某园大厦造成的建设资金短缺的问题。

借款人 2004 年 5 月 28 日因未参加年检被工商行政管理部门吊销营业执照。担保人某经济特区某厂房开发有限公司 2004 年 5 月 28 日因未参加年检被工商行政管理部门吊销营业执照。

## 成因分析

1. 借款人以开发某工业邨和某园大厦为借款理由，向原乙银行及其他债权人申请了巨额贷款。该公司利用建设项目的名义骗取众多债权人的大量资金，再利用这些资金虚张声势，滚雪球式的进一步骗取资金，且将大量资金转移和挪作它用，肆意挥霍。同时，其利用国家当时法规、政策上的漏洞，拖欠巨额土地出让金和税款，导致项目因缺乏后续建设资金而烂尾、停建，不仅拖欠巨额的土地出让金、税款及建设工程款，还造成包括甲银行在内的大量债权人的债权损失。

2. 建设项目的工程队施工质量差、带资额不足，拖延了工程的进度，直接影响到工程的按期竣工，导致项目资金无法按期回笼。此外，借款人内部经营管理混乱，家族式的经营管理，内部占用、挪用款项非常严重。售出的物业因工程无法按期竣工，导致大量的买售人退约。

3. 由于工程未能按期竣工，资金无法回笼，所借资金又陆续到期，资金缺口越来越大，借款人已四面楚歌，债权人纷纷上门追讨。法定代表人郑某某竟一走了之，导致公司群龙无首，加速了其倒闭的过程。

4. 担保人与借款人之间是一套人马、两块牌子的关联公司，合伙骗取银行资金。

5. 经办客户经理调查马虎，对企业经营状况及还款能力分析不透彻、风险预测失误、审查不严、没有充分考虑到银行资产的安全性、甚至有部分的房产未办理有效的抵押登记；贷后检查不力，没有及时跟踪掌握借款人的生产经营状况，使甲银行信贷资产出现巨额的损失。

6. 政府房产职能部门不负责任、违规操作，将甲银行已作抵押登记的房产同时登记给他人，造成甲银行抵押物债权的丧失。

## 清收措施

某工业邨公司在原乙银行的贷款自 1998 年陆续到期后，以工程仍在建设中、资金紧张为理由，没有按期归还贷款本金，并开始拖欠利息。原乙银行对其进行追索无结果。1999 年 3 月，甲银行接收原乙银行后，组织专人进行催收，但借款人和担保人皆以资金紧张为由，不履行还款义务，催收无结果。为维护债权，甲银行于 2001 年 8 月，向法院提起诉讼。2001 年 11 月 14 日法院判决甲银行胜诉，判令借款人归还借款本金及相应利息，对抵押物某市某园大厦 2~5 层和 18~22 层的房地产，甲银行享有优先受偿权，但因催收时效问题，驳回了甲银行要求担保人某开发有限公司承担保证责任的诉讼请求。在判决生效后，甲银行向法院申请强制执行。某市中级人民法院于 2002 年 8 月，以民事裁定书裁定：拍卖抵押房产。但在拍卖过程中，法院发现借款人拖欠巨额土地出让金和税款，众多的案外人也对拍卖标的物提出异议，拍卖搁置。法院以抵押的财产无法处置，某工业邨公司无其他可供执行的财产为由，于 2002 年 8 月裁定本案中止执行。

由于此案件十分复杂，牵涉面较广，法院对案外异议人案件的审理，除部分已裁定外，其他异议案件仍然在审理中。从已经裁定的异议案件中可以看到，法院为稳定社会发展秩序，以保护小业主的利益为指导思想，对异议案件的审理结果均以异议成立，甲银行最终以失利而告终。

## 案例启示

1. 授信前对企业经营状况及还款能力分析不透彻，授信时审查流于形式，在没有对抵押物进行合规评估，以及没有办理抵押登记手续的情况下放款；授信后管理不善，跟踪不力，错过最佳清收时机，直至借款人的法定代表人失踪，其经营出现较大问题时才进行诉讼清收，为时已晚。

2. 授信前对担保人与借款人是关联公司合伙骗取银行资金的情况未能掌握。

3. 在贷款合同期限届满后 2 年内没有向担保人主张权利，法院驳回了甲银行的诉讼请求，致使担保人的保证责任得以免除。

4. 盲目投资。对投资款的投放未能直接参与经营管理，导致投资与管理脱节，形成风险。

# 第三部分

# 债务减免案例

## 债务减免

债务减免是指债务单位或担保单位以现金偿还方式偿还部分本金，对本金减免、利息减免的处置方式。

债务减免方式可划分为四种类别，即总额减免、本金减免、利息减免和综合减免。

现金偿还方式则可划分为借款单位偿还和担保单位代偿还两种类别。

# 案例 022：某银行转贷款的项目投向失误

## ——政府项目不良贷款的化解途径

**本案例清收处置路径：催收→重组→债务减免→全额收回本金**

## 案例简介

1991 年 5 月 20 日某带钢总厂向原乙银行某分行借款 550 万美元，该笔贷款是某银行转贷款，用于该厂的冷扎带钢技术改造项目，由某市某信托投资公司担保。原合同规定从 1994 年起至 1998 年年末，每年还款 110 万美元，贷款到期日是 1999 年 2 月 20 日。

由于某带钢总厂经营不善，连年亏损，从 1993 年开始就无法支付利息，1996 年末已处于停产状态，贷款走到损失的边缘。

1998 年 9 月，带钢总厂被某钢管厂兼并，1999 年某钢管厂又被某钢集团兼并。某带钢总厂已基本停止经营，但对外仍为独立法人。

## 成因分析

1. 改造项目判断不准确。项目建设期，是计划经济和市场经济并轨的时期，企业对冷扎带钢技术改造项目判断不准确。同时，建设期原材料价格上涨，生产成本上涨，建设期相配套的资金不到位，打乱了整个建设计划，无法产生预期的效益，使企业负债累累，最终导致停产。

2. 资产负债率过高。到 2001 年，某带钢总厂的生产继续处于停滞状态，财务状况恶化，资产负债率达到了 115%，已资不抵债。其大部分的资产出租给某冷扎带钢有限公司，每月租金 80 多万元人民币。这部分的收入主要用于支付该厂 800 多人的工资、退休金、医疗费用等。

3. 担保人欠缺经济能力，无法代为偿还。贷款担保人某信托投资公司当时也已经负债累累，资不抵债，处于经营停止状态。其所欠的私人债务、外债及银行债务巨大，净负债达 200 亿元。该市政府已派驻工作组进行清算，其已不具备担保的能力。

## 清收措施

1999 年甲银行收购乙银行后，甲银行将贷款本金的 69% 即 370 万美元进行重组，转移到有偿还能力的某钢铁企业集团公司名下，余下 166.58 万美元本金及 380 万美元利息继续由某带钢总厂承担。

随着贷款风险的不断增加，该厂依靠自身的力量根本无法还贷，如甲银行继续通过一般的催收手段也不会有什么进展，只会使贷款利息无休止的虚增。如采取法律手段，该厂已资不抵债，厂房、设备大部分已抵押给其他银行，担保人也无财产可执行，并且标的巨大，诉讼费用较高，收回资产的可能性渺茫，效果无法估计。

因此，甲银行调整了清收方案，根据该厂是某钢铁集团下属企业的情况，要求该厂通过集团来解决这笔贷款。经过多次艰苦的谈判，某钢集团终于同意了归还该笔贷款的本金，但同时提出减免全部贷款利息的条件。

虽然某钢铁集团同意了归还贷款本金，但是由于该笔贷款是某银行转贷款，并且欠息高达 451.62 万美元，折合人民币近 3 800 万元，而甲银行没有减免利息的权限，只能向上级提出申请，因此该方案的实施仍存在着较大的困难。2001 年 8 月，甲银行将带钢总厂当时的经营情况、财务情况，存在的风险以及甲银行的清收方案做了一份较详细的申请报告上报总行。2002 年 1 月，通过不懈的努力，终于获得了减免全部贷款利息的批复。至此，该笔在 11 年前由原乙银行发放的贷款终于将本金全额收回。

## 案例启示

1. 银行贷款时要注重第一还款来源。如果对改造项目判断不准确，借贷企业经营投资失误，资不抵债，贷款将无法偿还，失去第一还款来源。

2. 银行贷款时要重视第二还款来源，尽可能办理抵押。当时没有用贷款购买的冷扎带钢设备办理抵押，是后来清收带来困难的主要原因；同时，贷款担保人选择的某市某信托投资公司资不抵债并进入停业整顿，使该担保失效。

3. 用还本免息的方案化解不良贷款。在清收时采取灵活的措施，钉住该厂是某钢铁集团的下属企业，要求集团解决该笔不良贷款。最后该集团同意了归还贷款本金减免利息的方案，甲银行终于成功收回了这笔不良贷款。

## 案例 023：政府项目工程，用短期贷款建铁路

——诉讼长达 7 年之久，还本免息清收

本案例清收处置路径：催收→重组→诉讼→债务减免→全额收回本金

### 案例简介

2003 年 9 月 23 日某铁路有限公司向甲银行借款人民币 6 000 万元，用于地方铁路项目的后续工程建设。2005 年 3 月贷款到期后，在借款企业归还本金 300 万元人民币，并增加 647 318 平方米综合开发用地作抵押的条件下办理 5 700 万元人民币借新还旧，期限为 7 个月。2005 年 10 月 28 日贷款到期后，甲银行通过追加某铁路有限公司 47.8% 股份担保，办理了 5 700 万元人民币，展期 7 个月。受项目未完工的影响，项目未能达到可行性研究报告所述的运营能力，该公司的收入远低于预期值。由于短贷长用，分期还款的资金不能落实，经多次办理贷款展期后，借款企业仍无力归还贷款本金和利息。

## 成因分析

1. 承接政府工程，企业自有资金不足。某铁路有限公司建设的"××铁路"是某市国资委辖属的政府工程，企业在自有资金不足的情况下动工，铁路的建设资金主要来源于银行的贷款。自建成临时营运以来，经济效益极不理想，一直处于高负债经营状态，到 2012 年已经亏损人民币 2 290 万元。

2. 负债经营，经济效益极不理想。据了解，截止到 2013 年 4 月 30 日，某铁路有限公司尚欠债务 44 692 万元人民币。主要包括：国债 22 000 万元，某资产公司 4 700 万元，甲银行 5 700 万元，某市财政局 5 350 万元，某港务公司 3 209 万元，历年欠付铁路建设工程款 2 634 万元，经营往来欠款 1 099 万元等。

3. 铁路已经运行 10 多年，由于线路严重老化，设施及设备差，不得不筹措资金进行简单线路综合整治，以确保安全和正常运输。根据"××铁路"的经营现状，借贷企业根本无力偿还甲银行贷款的本金及利息。

## 清收措施

贷款经多次办理展期后，借款企业仍无力归还贷款本金和利息。

2006 年甲银行对某铁路有限公司进行诉讼，采取强制执行措施，冻结其 47.8% 的股权，并查封抵押给甲银行的 647 318.1 平方米土地，以清偿被执行人所欠甲银行的贷款本金及相应利息。

某市中级人民法院采取拍卖执行措施多年，但是由于抵押给甲银行 647 318.1 平方米土地拖欠征地及补偿款，与村民存在纠纷，法院无法进行评估，因而无法进行拍卖；对于转让已冻结的股权，即使甲银行多次申请执行拍卖，但由于以上种种原因，某市中级人民法院都无法进行评估和拍卖处置。

抵押物土地中，有 163.25 亩"插花地"已被填土覆盖，农户一直未有领取征地及补偿款，长期以来要求赔产。为了缓和矛盾，该公司不得不每年给予农户大额赔产。村民又要求提高赔产补偿标准，否则强烈要求收回土地发展生产；同时，见到该部分农户得到赔产，那些已领取征地补偿款的农户认为吃了亏跟着也要赔产，以致问题不断恶化，恶性循环。因征地跨越时间长，经历了新旧国土法的变更，农户要求征地补偿费按现行新《中华人民共和国土地管理法》规定的标准执行，提高征地价格。为此，群众多次阻挠某站站场建设——挖断道路、拦截火车、在已征土地上随意种树和建牌楼等，肆意侵占该用地。该市政府已组织了多次现场办公会议、协调会进行协调，要求相关部门尽快解决，并采取多种积极措施，但土地协调问题一直未能解决。

2010 年某报曝光了某火车站的土地问题。2011 年国家审计署工作组进驻该市核查，并于 2012 年 2 月出具《中华人民共和国审计署审计报告》。报告指出："该土地实际用地仅 391 亩，其余 579 亩建设用地闲置达 8 年之久，属于闲置土地应依法无偿收回，重新安排使用。"某省政府已明确指示将督促政府有关部门对上述审计报告中的违规土地采取措施，进行整改，并要求将整改情况报送省政府。

2013 年 7 月 8 日甲银行根据企业现状，经分行不良资产处置委员会通过，同意该项目还本金免除利息方案，并上报总行审批。终于在 2013 年 9 月 25 日收回这笔长达 10 年的不良贷款。

## 案例启示

1. 短贷长用是贷款不良的成因。向政府工程贷款而企业自有资金不足。铁路的建设资金主要来源于银行的贷款，短贷长用是造成不良贷款的主要原因。

2. 抵押的土地拖欠征地及补偿款存在纠纷。由于抵押的土地拖欠征地及补偿款与村民存在纠纷，法院无法进行评估和拍卖。而第二还款来源通过诉讼也无法实现。

3. 以还本免息方案和解。法院诉讼多年，采取拍卖执行措施 7 年之久都无法收回。甲银行只能以还本金免除利息方案和解，这是最后解决该笔不良贷款的唯一办法。

## 案例 024：日元贷款购生产线，汇率市场巨大变化

——减收 200 万，成功收回贷款本息 3 000 万

**本案例清收处置路径：催收→重组→诉讼→债务减免→全额收本部分息**

### 案例简介

1987 年某家电公司向原乙银行某省分行贷款 42 087 万日元，其中本金 40 300 万日元，建设期利息 1 787 万日元和人民币配套资金贷款 234 万元。两笔贷款是中方的股本金与港商合资兴办某电器实业有限公司中外合资企业。资金用于购进日本产钢板开料生产线。

项目投产后，由于国际间汇率市场发生了极大的变化，该日元贷款由初始折人民币 962 万元变为约 5 000 万元。该企业当时产生的效益根本无法抵偿因汇率上升而产生的债务。1990—1995 年，该公司已向当地银行筹集资金 192 万美元和人民币 1 000 万元用于偿还该部分借款。同时原乙银行也积极配合企业，贷款人民币 2 000 万元将该借款积欠的利息部分转化成人民币借款。

### 成因分析

1. 贷款人非实际用款人。该贷款实际用款人是某电器实业有限公司，它是家电公司的下属企业。用原乙银行的贷款引进设备的原值折人民币仅 900 多万元，经过十几年的使用已破旧不堪，抵押给原乙银行的厂房无房产证，也没有办理登记手续，即使查封也难以处理变现，对偿

债也无所裨益。

2. 家电公司实际上是空壳管理机构。该公司属于二轻集体行业，成立于 20 世纪 50 年代，厂房陈旧（大部分为老式平房）、设备简单、人员众多，主要从事劳动密集型的排气扇、小电风扇的生产，仅能维持经营。该公司厂房、土地、设备已抵押给当地银行，且上述财产归家电公司属下独立核算的工厂所有，家电公司实际上是一个管理性质的空壳机构，可供执行的财产有限。

3. 诉讼执行不力。1999 年甲银行收购乙银行后，甲银行申请强制执行，一审法院要委托当地法院受理，但当地的地方保护意识相当严重，不利于保护甲银行的债权利益。由于执行不到财产，即使申请该公司破产清算，按规定，企业须优先支付职工的劳保、遣散费及补足税收后，方可偿还银行的债务，估计可收回贷款不多。

4. 防止产生负面影响。该公司员工众多，文化素质偏低，再就业能力差。如果甲银行采取过激的执行措施给某市政府造成过大的压力，将会对甲银行在该地区清收 5.6 亿不良资产的工作产生不可估计的负面影响。

### 清收措施

1999 年甲银行接收乙银行的业务后，向法院提起诉讼，标的为本金日元 3 902 万元及人民币 2 934 万元（人民币三笔，分别为 2 000 万元，234 万元，700 万元）及相应利息。在庭审时，某家电公司对其中的 700 万元人民币借款提出异议，甲银行也无法提出有效的会计转账凭证记录和借据，经查原乙银行的原始记录资料，该笔借款当时只有一份借款合同，在会计账上没有转账的记录和有关的凭证记录。原乙银行当时的经办人员也说不清楚原因，经与法院商量，为避免败诉造成不良影响，在征得领导同意后被迫对 700 万人民币的借款撤诉。只对其他三笔进行诉讼。2000 年年底，经法院判决，某家电公司败诉，该公司须偿还甲银行借款本金人民币 2 234 万元、日元 3 902 万元及相应利息。

经过甲银行与某家电公司及当地政府艰难的协商，该公司被迫同意用现金的方式分期分批偿还贷款的本金，但要求甲银行减免其全部的贷款利息。该公司目前的经营状况，要其一次性偿清涉诉案件的全部本金和利息是不可能的，也不现实。当时，该公司积欠本息人民币 3 200 万元，经与该企业多次艰苦的周旋和谈判，甲银行以减少损失、降低风险、清收现金为目的，灵活运用了"一户一策"的政策。在银企双方各让一步，甲银行报请总行批准的情况下，甲银行同意减收 200 万元人民币，最后甲银行成功收回贷款本息 3 000 万元人民币，本息回收率达 93.75%。

## 案例启示

1. 贷款时未能分析汇率变化的因素。企业产生的效益根本无法抵偿因汇率上升而产生的债务，这是该项目贷款失败的根本原因。

2. 减收部分贷款利息方案。通过对借款企业及其主管部门施加压力，以和平的方式迫使其归还贷款，最后减收部分贷款利息，实现了本息回收率达 93.75%。

# 案例 025：开发商把抵押房产卖给小业主

## ——处理好银行收贷与弱势群体的关系

**本案例清收处置路径：催收→重组→诉讼→债务减免→全额收本部分息**

## 案例简介

2000 年 4 月 29 日，甲银行某支行向某房产公司发放贷款 500 万元人民币，期限一年，以某花园某楼 12 套的商品房作抵押。贷款到期后，办理借新还旧450万元人民币。2001年12月29日，贷款到期后该借贷公司无法偿还。

该公司开发的某花园大厦项目，项目总建筑面积为47 620平方米。而公司注册资本仅为500万元人民币，资本金严重不足，主要靠银行贷款维持整个工程的建设，高负债经营，其还债压力很大。

## 成因分析

某房产公司开发的某花园大厦项目，主要靠将在建工程抵押给银行贷款获得开发资金。项目完工后，开发商利用当时房地产登记制度不完善的缺陷，将已抵押给各银行的房产全部卖给小业主，楼盘销售收入部分支付给合作方，部分挪用于某省开发高速公路项目。由于开发高速公路项目失败，借贷公司负债累累，无力收回资金偿还开发某花园大厦项目的银行贷款，各银行不肯涂销抵押登记，小业主买房后无法确权。业主们将开发商告到某市政府，市政府多次召集开发商、银行、公安、法院、房管部门等与业主开协调会，只解决了部分房产确权问题，大部分房产的产权因开发商无资金迟迟得不到解决。借款公司已基本停止正常经营，仅有几个留守人员办理相关手续。

## 清收措施

某房产公司该笔贷款借新还旧不久，就出现欠息情况。2001年9月，甲银行某支行以其贷款不付利息违约为由，向某市某区法院提起诉讼，该公司提出愿意偿还400万元人民币贷款，涂销抵押12套房产中的10套房产作为和解方案，某支行同意该方案并向法院申请提出撤诉。

2004年9月，贷款移交资产保全部管理，保全部多次督促企业按和解方案归还贷款。2004年年底，借款公司归还了贷款17万元之后，不再履行还款计划，甲银行于2006年再次向该区法院提起诉讼，法院经审理判决：某房产公司归还甲银行某支行贷款本息；甲银行某支行对抵押物有优先受偿权。2007年年初，判决生效后，甲银行向法院申请强制执行，因某房产公司已将抵押物的房产卖给了私人业主，法院从保护弱势群体出发，不支持对抵押物进行拍卖，案件难以执行下去。

2007年7月，购买1205、1206房的业主向某区法院对开发商提起诉讼，将甲银行某支行列为第三人。开庭时法院要求小业主、开发商与甲银行共同协商解决房产权问题。小业主多次找甲银行说明业主是在不知情的情况下购买了开发商已抵押的房产，按最高法院的司法解释法院无权查封、拍卖其房产，希望甲银行体谅业主用十多年心血才购买到一套房的困苦，尽快解决房产问题。某房产公司由于多年无收入来源，无力全部偿还甲银行某支行贷款本息，要求甲银行豁免全部利息。甲银行不同意豁免全部利息。经多次找业主、某房产公司协商，某房产公司和业主同意共同偿还甲银行某支行的贷款本金、正常利息及诉讼费用合计人民币40万元。其中：贷款本金289 899元、正常利息99 226元、诉讼费用10 875元；要求甲银行减免罚息及复利约9万元，并涂销抵押登记及解除查封。

2008年甲银行向总行申请通过减免利息的方式进行清收，经甲银行资产处置委员会研究同意该项减免罚息及复利方案，上报总行批准，最后本项目清收回贷款本金，豁免部分利息。

## 案例启示

1. 这是一个房地产企业的典型案例。某房产公司利用当时房地产登记制度不完善的缺陷，将已抵押给各银行的房产卖给小业主，楼盘销售收入被挪用，把项目开发风险转移到贷款银行。

2. 以豁免部分利息方式化解。小业主向开发商提起诉讼，将银行列为第三人。按最高法院的司法解释法院无权查封、拍卖其房产，借款人又已停止经营，甲银行只有与小业主和某房产公司协商，以豁免部分利息的方式化解风险。

# 第四部分

# 债权出售案例

## 方案概述

### 债权出售

不良资产债权出售是指为了最大限度保全银行利益，采取公开竞争出售交易方式，将不良资产对应的债权全部或部分以收回现金为对价转让给第三人的一种不良资产处置方式。

不良资产债权出售应由法院主持拍卖或由银行采取公开竞争性出售方式进行招标拍卖。采取协议方式进行债权出售的，应参照市场价格拟定成交价格，并在适当的范围内进行公告处置，在无其他意向竞买人出具更高价格的情况下，方可办理债权出售。

## 案例 026：城中村改造项目失败，企业倒闭

### ——拍卖债权收回贷款

**本案例清收处置路径：催收→重组→诉讼→债权出售→收回部分本金**

### 案例简介

2000 年 8 月 8 日，甲银行某支行向某房地产有限公司贷款发放短期贷款人民币 1 000 万元，期限一年，以该公司名下的位于某市的 45 000 平方米土地作抵押担保，该抵押物同时为另两家关联企业某土石方有限公司、某房产发展有限公司的贷款提供了担保，借款人承诺用"某轩山庄"的销售收入作为还款来源。2001 年 8 月 8 日贷款到期，该公司无力偿还贷款，经某支行多次加大力度催收，该公司分三次总共还款人民币 113 万元。2002 年 5 月 30 日，在继续由上述房产作抵押的前提下，某支行为其办理了 887 万元人民币贷新还旧手续，期限 6 个月。

借款人公司因某市政府对该市的"城中村"进行改造并合理规划城市，投资参与建设此项工程因而可享受多项优惠政策。该公司与其关联企业某土石方有限公司、某房产发展有限公司三家共同参与开发属"城中村"改造项目的"某轩山庄"住宅小区房地产项目的建设。由于上述三家企业将全部资金压在此项目中，且擅自转移专项资金，造成企业资不抵债，负债累累，被多家债权人起诉。借款人人去楼空，并于 2005 年 11 月被某市工商行政管理局吊销营业执照。

### 成因分析

1. 借款人自有资本金很少，高负债经营。其自有资金不足以开发整个楼盘，在支付了地价款和部分村民的赔偿款后，企业就无开发资

金，项目开发全靠各银行的贷款支撑。擅自挪用专项资金，资不抵债，企业倒闭。

2. 盲目投资决策失误。该公司在参与开发城中村项目前未做详细的评估准备工作，对村民补贴款及赔偿款数额估计不足。项目开工后，出现了大量的资金缺口，到处向银行贷款，因资金无法保证项目的完成，项目形成烂尾，无法产生效益。

3. 内部经营管理不善，当项目因资金不足面临停工时，未能及时将楼盘转让出去或寻找投资合作伙伴，造成项目无法如期竣工。

4. 企业法定代表人因涉及案件被拘捕，企业停止经营，丧失了还款能力。

## 清收措施

2002 年 5 月 30 日，在压缩 113 万元，继续由房产作抵押的前提下，办理了 887 万元人民币重组，期限 6 个月。2002 年 11 月贷款到期，甲银行某支行经多次催收无果后，遂向某市中级人民法院提起诉讼。某中院以《民事判决书》判决某房地产有限公司偿还甲银行贷款本息及抵押有效。判决生效后，某支行于 2003 年 8 月申请执行，法院委托评估机构对抵押物及地上建筑物进行评估，评估抵押物总价值为 6 888.81 万元。因借款人在抵押土地上开发的"某轩山庄"项目已成为烂尾工程，拖欠某建筑工程总公司工程款约 3 900 万元人民币；某单位购买的商品房因逾期交付，已将部分地上建筑物抵债，造成"城中村"项目众多回迁房无法实现，村民们集体上访游行，给市政府造成很大压力。2003 年 12 月，某中院就上述问题专文向某市政府汇报，希望协调解决，某市政府召开了多次的协调会，也无法处理这些问题。当年 12 月 17 日，某中院又以市政府未予正式批复和被执行人无财产可供执行为由，裁定中止执行。2005 年，甲银行针对该案长期在某中院无法得到执行，特向某省高级人民法院申请提级执行。2005 年 5 月 10 日，某省高级人民法院以《民事裁定书》裁定《民事判决书》由某铁路法院执行。同年 7 月，某铁路法院以第一查封顺序的法院对该财产尚未处理，现被执行人暂无其他财产可供执行为由，以《民事裁定书》裁定中止执行。

由于项目成为烂尾工程、众多村民无法回迁、政府干预、众多债权人参预诉讼等因素，案件长期执行不下去，只有引入开发商继续开发，才能保障各债权人的利益。2005 年甲银行向总行请示，协议转让某房地产开发有限公司、某土石方工程有限公司、某房产发展有限公司不良贷款债权，总行同意甲银行以人民币 2 687 万元为底价转让上述不良债权。2006 年 3 月 24 日，甲银行举行债权公开拍卖会，某投资有限公司以 2 688 万元人民币价格竞得。甲银行与某投资有限公司签订《债权转让协议书》将上述债权转让给该公司。对方已将全部转让款项 2 688 万元人民币转入甲银行。2006 年 6 月，甲银行扣收了案件涉及的相关费用 238 497.48 元人民币，收清某土石方工程有限公司、某房产发展有限公司贷款 1 800 万元人民币，又扣收某房地产有限公司贷款本金人民币 863 万元。

## 案例启示

1. 这是一个失败的房地产贷款项目。银行向高负债经营的企业放款。企业自有资金不足，在支付了地价款和部分村民的赔偿款后，企业就无开发建设资金，因资金不足造成企业倒闭。

2. 项目成为烂尾工程，法院裁定中止执行。因众多村民无法回迁，政府干预，众多债权人参与诉讼等因素，案件长期执行不下去，最后银行以债权转让方式解决。

## 案例 027：开发项目烂尾，营业执照吊销

### ——实行债权转让收回

**本案例清收处置路径：催收→重组→诉讼→债权出售→收回部分本金**

### 案例简介

2000 年 3 月 16 日，某市某集团有限公司为开发"某轩山庄"住宅小区项目，向甲银行某支行申请流动资金贷款人民币 600 万元，期限一年；并以某土石方有限公司名下的位于某市某花园 1~4 栋第 2 层办公室（面积 899.24 平方米）及某市某工业区 31 栋第 6、7 层厂房（面积 4 374.84 平方米）做贷款抵押担保。承诺用"某轩山庄"商品房的销售收入作为还款来源。2001 年 3 月贷款到期，该公司无力还款，某支行给予办理借新还旧人民币 600 万元，期限一年；2002 年 3 月，贷款再次到期，该公司仍无法还款。经请示，甲银行某分行批复同意该公司在偿还 120 万元人民币、继续由上述房产做抵押的前提下，为其办理了 480 万元人民币贷新还旧手续，期限 9 个月。但该公司因项目无法按期完工，没有资金回笼，加上其内部管理混乱，亏损严重，无力筹集资金还款。迫于无奈，某支行为降低不良资产率，在借款人还清利息的情况下，于 2002 年 6 月 26 日再次借新还旧，期限 9 个月。

### 成因分析

1. 借款人内部管理混乱，经营不善，资金不足。所开发的项目计划性较差，没有根据自身的情况渐进开发，未处理好回迁房与商品房的关系。在严重缺乏后续建设资金的情况下，致使工程停工和烂尾。

2. 受回迁房村民和小业主上访、游行的影响，以及受到了当地政

府的干预压力，工程项目停滞。

3. 该公司的法定代表人因涉及诈骗案件被司法机关羁押、判刑，使该公司业务停顿、解体，人员解散；加上各债权人、村民、小业主纷纷诉讼，政府的干预等，加速了借款企业的倒闭。

## 清收措施

原贷款到期，该公司无力还款，2001 年 3 月和 2002 年 3 月，支行两次办理重组，条件是偿还 120 万元。但贷款到期后，甲银行某支行在多次追收无结果的情况下，于 2002 年 6 月对某集团有限公司提起诉讼。经某市中级人民法院（下称某中院）开庭审理，以《民事判决书》，判决借款人偿还贷款本息，抵押有效并享有优先权。判决生效后，某支行申请强制执行。2004 年 3 月，经某中院委托对上述抵押房产进行拍卖，收回拍卖款 4 177 276 元，在扣除相关费用后实收本金 4 126 095 元，回收率为 68.77%。剩下贷款余额 1 873 904 元，因无法查找到借款人的其他财产线索，2004 年某中院以《民事裁定书》裁定中止执行。经总行批准，2006 年 3 月甲银行对债权实行公开转让，结果以 100 万元成交。

## 案例启示

1. 向没有实力的房地产企业贷款。企业没有根据自身的能力渐进开发，在严重缺乏后续建设资金的情况下，致使工程停工，形成烂尾。

2. 抵押房产拍卖处置回收率低。贷款时过于乐观地认为有抵押物，贷款就有保障，忽视了对抵押物日后市场变现情况的预测分析。甲银行最后只好通过债权公开转让方式收回贷款。

# 第五部分

# 风险代理案例

## 风险代理

风险代理是指以代理结果为付费前提的一种特殊代理方式，最大限度维护银行的合法权益。风险代理人必须是律师事务所等合法注册的机构、组织或公司，银行行内员工和其他个人不得作为风险代理人。

符合下列条件之一的，可适用风险代理：

（1）债务人因资不抵债已破产、关闭，且银行未获清偿或清偿不足的。债务人恶意逃废银行债务、转移和藏匿资产，且银行通过正常渠道无法查找到的。按贷款风险五级分类已被列入损失类的。

（2）银行已采取法律诉讼手段清收，但在诉讼阶段无法查封、冻结到债务人有效资产的。

（3）已取得胜诉结果，但因无法掌握债务人资产状况，导致长期无法执行的。

（4）诉讼时效或担保时效丧失的。

（5）因信贷业务本身违规、违法操作或手续不全等原因，导致银行难以使用法律诉讼手段清收或虽可诉讼，但难以完全实现胜诉目的的。

（6）已核销的呆、坏账。

（7）法律关系复杂或影响重大的诉讼纠纷。

（8）采取其他方式无法维护银行合法权益的案件。

# 案例 028：企业法人因诈骗被拘捕，质押被认定无效

## ——风险代理收回已诉讼 11 年的贷款

**本案例清收处置路径：催收→重组→诉讼→核销→风险代理→收回部分本金**

案例简介

2000 年 5 月，借款人某市某科技工程有限公司向甲银行某支行借贷人民币 2 500 万元。贷款分两笔发放，第一笔 500 万元，期限一年；第二笔 2 000 万元，期限一年。贷款由某公路开发有限公司担保，并以某国道某段公路的收费权益作质押。

某科技工程有限公司实质上是一个为了向甲银行申请贷款而在某市设立的无经营项目也无实际经营场所的空壳公司，贷款实际用于承包某国道某路段的公路建设，贷款发放后，资金由某公路开发有限公司外资方人员调度使用。2002 年 4 月，办理贷款的人员均因涉及诈骗案被拘捕，企业于 2003 年被该市工商行政管理局吊销营业执照。

贷款担保人某公路开发有限公司是某国外工程有限公司与某市交通局下属单位某路桥开发有限公司合作成立的，属中外合资企业。该公司只领取有效期为三个月的营业执照，在有效期内因中外双方的投资款未完全到位且没有续期，加上外资方人员涉及诈骗案被拘捕，2002 年 11 月，该公司董事会决议注销某公路开发有限公司，按国家有关规定进行清算及办理注销手续。

贷款质押物是某国道某路段公路的收费经营权，该质押行为被某省公安厅认定，是吴某某等人伪造某省交通厅同意将某国道某路段的高速公路收费经营权质押给甲银行，骗取甲银行贷款，是无效质押。

## 成因分析

1. 借款人是无经营、无经济能力的空壳公司，被几个负债累累的香港人利用成立公司，以合作开发公路工程建设为由，骗取内地银行资金。因无法骗取更多的资金，承包工程项目无法正常进行，造成了甲银行的贷款无法收回。

2. 1 000 万元人民币贷款不是用于正常经营上，而是转到境外用于偿还吴某某等的个人欠债、赌债及个人挥霍上，造成贷款无法追收。

3. 某公路开发有限公司合作双方因资金不足，中方同意港方融资，并由公司出具担保。但贷款不能按期归还，该公司却进行清算，担保人没有履行担保责任。

## 清收措施

2001 年 5 月贷款到期后，借款人不能按期归还甲银行贷款本息，经多次催收无果。2002 年 2 月，甲银行委托某律师行向某市中级人民法院对担保人某公路开发有限公司提起诉讼，某公路开发有限公司清算组派人应诉答辩，提出某公路开发有限公司因外资投资款未到位，2002 年未能通过工商年检，无法经营，公司已清算并注销。2003 年 6 月，某市中院经审理以《民事判决书》判令被告某公路开发有限公司偿还甲银行贷款本息。

在法院受理期间，某省公安厅接到某省交通厅的报案，指某公路开发有限公司港方人员吴某某、李某某等人私刻该省交通厅的公章，伪造该省交通厅同意质押的文件骗取甲银行贷款。2002 年 4 月该省公安部门立案侦查，拘捕了吴某某等人。2003 年 7 月某中级法院以《刑事判决书》一审判决认定上述人员犯有贷款诈骗罪，并认定诈骗所得贷款被他们用于偿还个人在香港欠债 940 万元、偿还赌债 70 万元、挥霍用去 86 万元；用于某公路开发有限公司开办费仅为 34 万元人民币，1 200 万元人民币被挪作它用，用款人因诈骗罪获刑。民事判决生效后，甲银行向法院申请强制执行。由于借款人营业执照已被吊销，担保人也清算、关闭，两个主体都已不存在，法院查无其他可供执行财产，裁定中止执行，甲银行的贷款成为无法收回的呆账。2006年9月甲银行根据财政部《金融企业呆账核销管理办法》经总行批准核销。后来曾多次风险代理，都无效果。

2010年11月，某市某律师事务所为甲银行作风险代理，该律师事务所通过办理其他有关案件，已掌握了本案部分财产线索，拟作全过程风险代理，代理期限半年。甲银行某分行再报经总行批准，对这笔已核销的贷款采取风险代理的方式进行清收。该律师事务所采取了如下措施：

（1）根据最高人民法院、最高人民检察院、公安部《关于没收和处理赃款赃物的规定》的要求，各级人民法院、检察院和公安机关，对办案过程中缴获的赃款赃物，应当认真进行查对，并及时追缴返还给受害单位和个人，任何机关、单位和个人都无权扣押、使用或私自非法占有；（2）继续通过灵通有效的工作途径和渠道，有针对性寻找被执行人的有效资产和关联账户；（3）通过被执行人以前业务活动和经济往来活动中的有价值的情报获取被执行人有关资产信息；（4）通过中国人民银行总行内部查询系统查询被执行人的关联账户；（5）通过国家工商总局、国家税务总局、国家邮政局等部门电子查询系统查询被执行人的账户或者利用被执行人在当地交纳水、电、煤气、保险、邮电、通信等费用的情况查找其账户；（6）通过国家证监会账户交易登记系统和上海交易所交易系统查询被执行人的股票、期货、黄金交易等金融交易账户；（7）查询次被执行人向被执行人履行金钱给付义务时所使用的账户；（8）通过公安系统网监部门采取相应技术手段查询网络交易账户；（9）通过最高人民法院执行系统网络查询被执行人被其他申请人保全或者知悉的账户；（10）从被执行人执行保证金或者保函查找银行账户；（11）查询与被执行人的已知账户关系比较密切的账户；（12）由承办律师向人民法院直接申请财产调查令，此方法在北京、上海、重庆等个别地方已经实行；（13）通过政府部门、行政执法机关采取行政手段查找被执行人的账户；（14）通过最高人民检察院反贪信息电子处理系统调取有关信息予以比对，发现和查找有关资产线索；（15）通过上述方法继续查找被执行人有关不动产方面的信息。对前期已查明的有效资产迅速地采取法律措施，为随后的扣划和拍卖工作打下物质基础。经过艰苦努力，2012 年终于收回这笔 1 200 万元已经核销多年的不良贷款。

## 案例启示

1. 向空壳公司贷款。对这种无正常经营、无资金的公司贷款一定要警惕，不要忽视第一还款来源的重要性，这是贷款形成风险的主要原因。

2. 要重视借款人与担保人的关联关系。这笔贷款没有认真了解借款人与担保人的关系，担保人在工商部门只办有 3 个月有效期的营业执照，盲目审批放款，最终造成损失。

3. 选择有资质有财产线索的律师事务所是成功收回该笔贷款的关键。该笔贷款曾多次风险代理都未能收回，前期风险代理人都不是有资质有财产线索的律师事务所，所以代理清收失败。

# 案例 029：企业挪用资金，经营涉嫌诈骗

## ——风险代理收回已终结债权

**本案例清收处置路径：催收→诉讼→核销→风险代理→收回部分本金**

## 案例简介

1999 年 7 月 22 日，甲银行向某公司贷款人民币 1 300 万元，期限

一年。由某房地产开发有限公司开发的楼房"某龙花园"第 4 层
1 198.66 平方米作抵押担保。抵押物经某某房地产咨询股份有限公司评
估，价值为 20 248 963 元人民币。

1998 年，上市公司某啤酒公司与某集团、某房地产开发有限公司
签订了一份《合资购买楼宇合同书》，约定某啤酒公司与某集团共同购
买某龙花园东塔楼 6～15 层、27～31 层，面积 16 170 平方米，东段
18～25 轴及 B～P 轴的 1～4 层商场 5 900 平方米，某啤酒公司支付现金
人民币 17 834 万元，某集团支付人民币 4 109 万元。某集团与某房地产
开发有限公司老板合谋，将某啤酒公司及部分业主已支付了购房款的房
产抵押给各家银行，骗取银行贷款后携款潜逃国外。某啤酒公司发现后
立即向公安部门报案，并向某省高院对某房地产开发有限公司、某集团
提起民事诉讼，要求某房地产开发有限公司与某集团赔偿其经济损失，
并要求法院确认各银行的抵押无效。各银行作为第三人参与诉讼。某省
高院判决该房地产开发有限公司偿还某啤酒公司的债务，驳回了某啤酒
公司的其他请求，同时对各银行主张的优先受偿权不予受理。

## 成因分析

这笔贷款形成不良贷款的主要原因是。

1. 甲银行在开展业务时，对企业的真实情况没有认真了解，认为
有抵押就安全，忽视了对借款人、担保人是否正常经营的审查；对在建
工程作抵押把关不严，造成抵押物无法处置。

2. 错过了最佳清收时机。贷款发放后，又不及时对贷款进行贷后
检查跟踪，使企业挪用资金于房地产项目上。此笔资金先用于某龙花园
开发上，某龙花园封顶后，资金转入另一项目，甲银行没有及时发现企
业转移资金，错过了较好的清收机会。

## 清收措施

2000 年 7 月贷款到期，企业不能按期归还贷款，甲银行多次催收，

企业拒不还款。2000 年 10 月,甲银行对此笔贷款进行诉讼,因办理了具有强制执行效力的公证书,2001 年初甲银行向某市中级人民法院申请直接进入执行程序。在执行过程中,抵押物某龙花园第四层被某省高院另案查封。因该案涉及工程款、9 家金融机构等多方当事人,情况较为复杂,省高院迟迟未能解封,某市中级人民法院于 2001 年 4 月 30 日中止了此案的执行。借款人已人去楼空,无可供执行财产,抵押物无法处置。

甲银行诉讼案件执行阶段,因借款人均是某阳公司成立的关联的"三无"公司,无力偿还贷款本息,借款人、担保人某阳公司涉及诈骗案,均停止经营,其营业执照被工商管理部门吊销。主办法官认为甲银行享有更优先债权近 2 亿多元人民币,即使烂尾楼处置收入也不足于支付上述优先债权。某中级法院于 2002 年裁定终结执行。

截至 2005 年 8 月 20 日,甲银行贷款人民币本金 12 999 999 元,表外欠息人民币 6 131 907 元已成为呆坏账损失。2005 年 8 月根据财政部《金融企业呆坏账核销管理办法》经甲银行总行批准核销。

核销后,甲银行加大清收力度。由于某龙花园整体拍卖的收入不理想,大部分没有优先权的债权人都无法得到清偿。向总行申请以风险代理的方式进行清收。2007 年 5 月,甲银行同某律师事务所签订风险代理协议。

2008 年 1 月,甲银行向法院提交甲银行债权没有得到受偿的情况说明,及时向法院提供甲银行抵押物清单,权属证明文件,使法院确认了甲银行参与处置分配的债权。通过该所律师的努力,2009 年甲银行在某中院的贷款分配中,两次收到清偿款人民币 2 934 195 元。通过采取风险代理的形式成功收回部分贷款。

### 案例启示

1. 该贷款在审批时,没有做好贷款的三查工作,忽视了对借款人、担保人是否正常经营的审查。

2. 贷款抵押调查中没有发现,某集团与某房地产开发有限公司老板合谋，将某啤酒公司及部分业主已付了钱购买的房子抵押给银行，主要是对在建工程作抵押把关不严。

3. 采取风险代理清收。借款人骗取银行贷款后携款潜逃国外，造成抵押物无法处置，最后通过风险代理形式成功收回部分贷款。

## 案例030：信托业拆借转贷款，法院裁定中止执行
### ——风险代理全额收回贷款本金

**本案例清收处置路径：催收→重组→诉讼→风险代理→全额收回本金**

### 案例简介

1998年某信托投资公司向甲银行拆借资金人民币3 000万元，到期后，借款单位无法归还款项，经与甲银行商榷，遂将拆借转为贷款，由某信托投资公司属下的某房产开发公司和某物资有限公司承接。其中，某房产开发公司借入人民币2 915万元，合同期限为1998年11月30日至2000年5月29日，拟以借款人拥有的位于某市某农场厂房产12 788平方米及其某分公司拥有的位于某县某农场土地94 509平方米作抵押；某物资有限公司借入人民币700万元，合同期限为1998年11月30日至2000年5月29日，拟以某房产开发公司某分公司拥有的位于某市某花园某栋第2层写字楼合计1 590平方米作抵押。但在办理过程中，上述部分抵押物均未办理抵押登记手续，属无效抵押，只有位于某市某农场的12 788平方米厂房办理了抵押登记手续。以上贷款同时由某信托投资公司保证。贷款到期后，借款人根本无能力按合同约定还本付息。

## 成因分析

1. 用拆借款盲目投资。受国家宏观调控的政策和自身粗放经营的影响，借款人经营失误，无力归还拆借款项。原借款人某信托投资公司将拆借款挪作他用，盲目投资，项目失败。在其经营受阻，各债权人追讨的情况下，进一步加剧了财务状况的恶化，直接影响了贷款资金的偿还。

2. 由于上述两借款单位本来并没有承担贷款的能力，在办理贷款时，其财务状况已不正常，甲银行当时是为了转化拆借而办理贷款手续，借款人因其上级公司为了转化拆借款项而承担贷款，承担的贷款已超越自身的承受能力，根本无能力按合同约定还本付息。因受母公司被债权人诉讼的影响，物资公司经营状况日渐萎缩，经营业绩大幅下滑，至 2000 年初公司已全部停止经营活动，其贷款本息的偿还，主要是由某信托投资公司承担。

3. 1999 年后，担保人某信托投资公司因负债巨大，欠债额高达数十亿元，被数十家债权人诉讼，已没有现金可偿还债务。

4. 地方保护主义严重，阻碍了债权的实现。甲银行在诉讼阶段已采取了保全措施，查封了被告拥有的财产。但当地法院对已查封的财产，仍强行裁定抵债过户到其他人名下，致使甲银行权益受到损害。甲银行虽提出异议，但无法抗衡。

## 清收措施

拆借到期后，借款无法偿还，银行将拆借转换为贷款，由某信托投资公司属下的某房产开发公司和某物资有限公司承接。但贷款到期后，上述两借款单位不能按合同约定还本付息，担保单位亦进入治理整顿阶段，甲银行已无法按正常途径收回贷款。由于物资公司是某信托投资公司的全资子公司，其经营业务受到母公司的直接控制，虽经甲银行多次催收，仍无成效。上述重组贷款到期后，借款人不仅未能按期归还本金，还拖欠利息。

为维护自身权利，甲银行于 2003 年 9 月向某市中级人民法院提起诉讼。经法院审理后，以《民事判决书》判决甲银行胜诉。甲银行在向法院诉讼的同时，申请采取保全措施，某中院同时查封保全了某信托投资公司拥有的债权——某地某酒店和郑某某、莫某等人名下的房产。但在执行过程中，甲银行已向法院申请保全的财产，却被某市中院另案以《民事裁定书》，强行裁定抵债过户到第三人某酒店有限公司的名下。甲银行在向该中院提出异议的同时，向该中院申请追加某酒店有限公司为本案的被执行人，但法院裁定不予支持，导致该资产丧失。2004 年 11 月 24 日某中院以被执行人已无其他财产可供执行为由，以《民事裁定书》裁定该案中止执行。

2003 年 7 月，某律师事务所提出有某房产开发公司相关财产线索，经总行批复同意，甲银行与其签订风险代理协议。根据风险代理人提供的线索，查封了某房产开发公司名下的土地（评估价值为人民币 91 868 000 元）。进入执行程序后，变卖该地块，因所得价款 4 000 多万元已分配完毕；本案又还有多个债权人，债权总额超过 2 亿元，为了降低风险达到多分配的目的，经代理人努力，2005 年 8 月 19 日法院同意甲银行优先受偿某房产开发公司全部本金人民币 2 915 万元，物资公司也偿还了本金人民币 475 万元。

剩余的 1 000 多万元人民币款项由其余的五个申请执行人分配。因省法院有文件规定欠款本金未全部清偿前，利息不参与分配。后经努力，第一次集中分配甲银行受偿利息 200 万元人民币及诉讼费等 40 多万元人民币，前提条件是，甲银行在获得本金全部优先受偿后不能对抵押物再主张优先权，下次拍卖按债权本金比例分配。

## 案例启示

1. 利益驱使，盲目拆借。当时信托投资公司已经走下坡路，为维持经营，向银行高息拆借。但银行当初为发展业务，扩大规模，对信托投资公司的拆借款未能严格审查，银行在拆借前对被拆借企业的还款能力和资金用途审查不严。

2. 在信托投资公司出现问题，进行贷款重组时，调查不深入，未能充分考虑到借款企业经营上的实际能力及其还款能力，未能采取有效抵押的形式转化贷款的风险。

3. 本案例是甲银行风险代理全额收回本金的成功案例。签订风险代理协议后，代理人很快地根据线索查封了某房产开发公司名下的土地等财产，为全额收回贷款打下了基础。

## 案例 031：抵押物属"在建工程"被法院另案查封

### ——核销后风险代理清收

**本案例清收处置路径：催收→重组→诉讼→核销→风险代理→收回部分本金**

#### 案例简介

1999 年 1 月 8 日，某省农村财务服务中心向甲银行某分行借款人民币 2 000 万元，期限为一年，由某房地产开发有限公司提供位于某市某区某花园房产作抵押，面积共计 3 009 平方米，已办理抵押备案证明。在贷款到期后借款人归还 150 万元人民币的本金。甲银行欲进行重组，但因该公司变更名称，房管局不同意办理抵押物的续办手续，导致重组失败。某省农村财务服务中心于 2004 年 10 月 29 日被某省工商局吊销营业执照。抵押人某房地产开发有限公司是由某龙房产开发公司和香港某投资有限公司合作成立的合作企业。

## 成因分析

1. 借款人管理不善、经营单一，受宏观调控的影响，资金链断裂，导致工程无法竣工，直接影响贷款的归还。

2. 借款人挪用流动资金贷款用于房地产开发项目，短贷长用。

3. 借款人与担保人为同一法定代表人，该笔贷款的借款人与担保人为关联企业，利用借款人的名称向银行融资，搞房地产开发。

4. 抵押物属"在建工程"，被法院另案查封，无法处理变现。即使变现也无法抵偿拖欠的税款、工程款、土地出让金等，甲银行债权将无法受偿。

## 清收措施

1 850 万元贷款到期后，借款人无法归还贷款，甲银行于 2000 年 11 月 21 日向某市公证处申请出具了强制执行公证书。甲银行据此向某市中级法院申请强制执行，但在立案后经办法官因涉及经济案件被捕，甲银行的执行案件被搁置，之后该案件就石沉大海，无法执行。经查找，甲银行的档案中也无任何的立案资料。

由于抵押物"某龙花园"涉及多宗诉讼，被某省高级人民法院另案查封，甲银行遂向法院主张该笔抵押债权，申请参与分配。此外，甲银行涉及"某龙花园"为抵押物的多宗案件已被法院裁定终结执行，原因为"某龙花园"是"在建工程"，又涉及几十宗诉讼案件，如工程款优先权纠纷，拖欠工人工资纠纷，小业主购房合同纠纷，多家金融机构借款纠纷，欠缴土地出让金，拖欠国家税款等高达数亿元，目前法院无法处置抵押物。据了解，即使处置也可能不足以支付拖欠的国家税款、土地出让金、工人工资、工程款，甲银行的债权将无法受偿。甲银行曾聘请律师跟踪该案件。据律师反映，按目前的状况也只有中止执行，难以收回本息。

由于法院对各银行主张的优先受偿权不予受理，各银行抵押的债权也因此丧失了优先受偿权，"某龙花园"处置变现收入要优先偿还工程款、土地出让金、国家税款、小业主的购房款；又由于法院对甲银行申请执行农财中心不良贷款案件已裁定终结执行，恢复执行难度很大，法官也认定甲银行的贷款收回可能性很小。

截至 2005 年 9 月 20 日，某省农村财务服务中心欠甲银行贷款本金人民币 18 499 999 元，表外利息人民币 8 954 132 元，本息合计为 27 454 131 元。2005 年 10 月申报核销。

核销后甲银行并没有放弃对这些已无望收回的贷款的清收工作，积极做好以下工作，确保了部分贷款的收回。向总行申请以风险代理的方式清收后于 2007 年 5 月同某律师事务所签订了风险代理协议。

2008 年 1 月，甲银行通过风险代理多次向该市中院提出债权受偿申请报告。由于甲银行的案件已终结，法院没有保存好相关材料，甲银行向法院提交了甲银行债权没有得到受偿的情况说明，及时向法院提供甲银行抵押物清单，权属证明文件，使法院确认了甲银行参与处置分配的债权。

经过甲银行和代理律师的努力，2009 年甲银行在某中院的贷款分配中得到农财中心 1 951 371 元人民币的清偿款。2010 年又收回 150 万元人民币。

## 案例启示

1. 对借款人的资信能力和经营状况调查不深入、审查不严，对借款人挪用资金存在的风险缺乏认识，未能保证第一还款来源的落实。

2. 该笔贷款抵押物价值高估，抵押物属在建工程且又涉及几十宗诉讼案件，拖欠工人工资纠纷，拖欠国家税款等等，造成甲银行贷款无法受偿。

3. 对法官也认定贷款收回可能性很小的情况下，甲银行成功通过风险代理收回部分本金。

# 案例 032：借款人携款潜逃国外，抵押失去优先受偿

## ——风险代理诉讼无望收回的贷款

**本案例清收处置路径：催收→诉讼→核销→风险代理→收回部分本金**

### 案例简介

1998 年 6 月 30 日甲银行某支行向某啤酒某地经销总公司发放 2 000 万元人民币流动资金贷款，期限为 15 个月；1998 年 9 月 3 日又向其发放贷款 500 万元人民币，期限为 13 个月，均由某集团有限公司位于某市某龙花园东塔写字楼第 10~11 层作抵押担保，用途是购买某种啤酒。

1998 年，上市公司某啤酒公司与某集团、××公司签订了一份《合资购买楼宇合同书》，约定该啤酒公司与某集团共同购买某龙花园东塔楼面积 16 170 平方米，1~4 层商场 5 900 平方米，某啤酒公司支付现金人民币 17 834 万元，某集团支付人民币 4 109 万元。某集团与××公司老板合谋，却将该啤酒公司及部分其他业主已支付了钱购买的房子抵押给各家银行，骗取银行贷款后携款潜逃国外。某啤酒公司发现后，立即向公安部门报案，并向某省高院对开发商××公司、某集团提起民事诉讼，要求××公司与某集团赔偿其经济损失，并要求法院确认各银行的抵押无效。各银行作为第三人参与诉讼。某省高院判决××公司偿还某啤酒公司的债务，驳回了某啤酒公司的其他请求，同时对各银行主张的优先受偿权不予受理。

### 成因分析

1. 抵押物是在建工程，又涉及几十宗诉讼案件，拖欠工人工资，

拖欠国家税款高达几千万元人民币，造成甲银行贷款无法受偿。

2. 贷款管理不力，未能及时发现问题和风险，未能及时进行有效清收。对借款企业和调查了解不深入就放松贷款条件，贷后不及时跟踪、催收，导致出现风险。这是银行应该认真吸取的教训。

## 清收措施

甲银行某支行为保全债权，向某市中级人民法院起诉某啤酒公司和某集团。2001 年 6 月 21 日法院做出民事判决书，判令某啤酒公司清还贷款 2 500 万元人民币及其利息，甲银行依法享有某集团有限公司的抵押物优先受偿权。某省公证处 2001 年 6 月 29 日做出强制执行公证书，确认某啤酒公司和某集团有限公司应归还借款及相应利息给甲银行。上述公证书已发生法律效力，但被执行人未履行义务，甲银行又于 2001 年 9 月 30 日向该市中院申请执行。2002 年该市中级人民法院做出民事裁定书，因抵押物已被省高院另案处理，借款人和担保人已无其他财产可供执行，法院裁定终结执行。

截止到 2002 年 9 月 21 日，某啤酒公司共拖欠甲银行贷款本金人民币 25 000 000 元，利息 5 717 374 元人民币。

由于该两笔贷款已形成损失，贷款本息无法收回，甲银行某分行按有关规定，2002 年对其所欠 2 500 万元人民币贷款申报核销。核销后甲银行并没有放弃对这些已无望收回的贷款的清收工作，而是积极做好清收工作，确保贷款的收回。

甲银行某分行向总行申请以风险代理的方式进行清收。2007 年 4 月经总行的批准，同某律师事务所签订风险代理协议。

2008 年 1 月，甲银行通过风险代理多次向某市中院提出债权受偿申请报告，由于及时向法院提供抵押物清单，权属证明文件，使法院确认了甲银行参与处置分配的债权。通过该所律师的努力，2009 年，甲银行在某中院的贷款分配中得到某啤酒公司清偿款人民币 930 999 元。后又分配到清偿款 195 248 元人民币。

# 案例启示

1. 对借款人的资信能力和经营状况调查不深入、审查不严，未能保证第一还款来源的落实。

2. 该笔贷款抵押物属在建工程，价值被高估。某集团与××公司老板合谋，将某啤酒公司及部分其他业主已支付了购房款购买的房子抵押给各家银行，骗取银行贷款，后又携款潜逃国外，造成甲银行贷款无法受偿。

3. 不良贷款核销后也要加大清收力度。以风险代理的方式进行清收是收回本笔贷款的关键。

# 第六部分

# 以物抵债案例

## 方案概述

### 以物抵债

以物抵债是指银行的债权到期，但债务人无法用货币资金偿还债务，或债权虽未到期，但债务人已出现严重的经营问题或其他足以严重影响债务人按时足额用货币资金偿还债务的因素，或当债务人完全丧失清偿能力时，担保人也无力以货币资金代为偿还债务，经银行与债务人、担保人或第三人协商同意，或经人民法院、仲裁机构依法裁决，债务人、担保人或第三人以实物资产或财产权利作价抵偿债权的行为。

## 案例033：非法集资，信托业停业整顿

### ——以抵押房产转抵债清收

**本案例清收处置路径：催收→诉讼→以物抵债→拍卖→收回部分本金**

### 案例简介

1998年5月26日和7月9日，某国民信托投资有限公司向甲银行某支行拆借人民币资金两笔，合计金额为人民币1 450万元。该公司同时用位于某市某镇的临街商铺5 518.3平方米的房产作抵押。甲银行于1998年7月与借款人签订《资金拆借合同》的抵押合同，并于1999年3月25日在某市房管局做了抵押登记备案手续。

### 成因分析

1999年某国民信托投资有限公司下属的某证券营业部涉嫌非法集资、挪用巨额股民保证金等，被人民银行勒令停业整顿。工作组进入，使该公司的经营全面停顿。拆借到期后因该公司无法归还拆借资金，甲银行的资金无法收回。

### 清收措施

拆借到期后，因某国民信托投资有限公司无法归还拆借资金，甲银行通过某市中级人民法院诉讼。1999年10月，该中级人民法院以《民事裁定书》，裁定借贷公司位于某市某镇临街的商铺5 518平方米房产抵偿甲银行的本金和利息，抵债金额人民币15 174 511元。

2004年12月，经总行批准同意，甲银行委托某拍卖有限公司将上述房产公开拍卖。在扣除诉讼、执行、评估、拍卖等费用392 121元

后，甲银行仅收回贷款本金人民币 5 856 578 元。

### 案例启示

1. 甲银行及时与借款人落实《资金拆借合同》中的担保抵押物，并办理抵押登记手续，为后来收回借款带来可能。

2. 适时地办理以物抵债。当发现借款人经营全面停顿，甲银行资金无法收回时，及时采取以物抵债的方式处置收回资金，是抢救信贷资产的好办法。

3. 房产抵偿本金和利息，但评估价较高，受偿比例较低，是应该从中吸取的教训。

## 案例 034：房产价值高估，企业项目失败

### ——以物抵债收回部分贷款

本案例清收处置路径：催收→诉讼→以物抵债→拍卖→收回部分本金

### 案例简介

2000 年 1 月，甲银行某支行向某实业公司发放流动资金贷款人民币 500 万元，期限一年，贷款分五笔贷出。该贷款以位于某市某广场 2 楼的房产作抵押担保，抵押面积为 1 942 平方米，双方约定评估价值为人民币 971 万元。2001 年，贷款到期后企业不能按期归还贷款，某支行为其办理了时间为 11 个月的展期手续，展期贷款届满后，借款人仍然无法偿还甲银行的贷款本息。

## 成因分析

1. 高负债经营。借贷公司属私营企业，自有资本金很少，抗风险能力较差。由于高负债经营使企业背上沉重的包袱，企业亏损严重、资不抵债，无法偿还到期债务。

2. 投资决策失误。20 世纪 90 年代特区经济发展迅速，该公司头脑发热，盲目借贷开发建材装饰市场，因市政规划限制为展览馆功能，不允许建材经营，致使投资失误，亏损严重，无法继续经营。

3. 擅自挪用资金。借款人不按市场需求进行项目开发，在建设资金严重缺乏的情况下，四处筹资、挪用资金，因项目无法按期产生效益和回笼资金偿债，被众多债权人诉讼追讨。

## 清收措施

2002 年 1 月贷款到期，企业无法按期偿还贷款，甲银行派人专门进行清收。经多次催收无效，甲银行委托某律师事务所向某市中级人民法院提起诉讼，某市法院以《民事判决书》判决甲银行胜诉。在执行中，某市法院委托评估公司对抵押物进行了评估，评估价格为 3 380 元/平方米，评估总值为 656.46 万元。因抵押物土地性质属国有划拨土地，按土地资源管理的有关规定需按每平方 1 425 元/平方米补缴地价款。法院委托拍卖行进行了两次公开拍卖，由于欠缴土地出让金，加上当时房地产价格低迷，拍卖降价 20% 也无人问津。若再按 20% 折价拍卖，拍卖所得交清地价后，甲银行仅能收回 50 万元，损失惨重。因此，法院执行法官及代理律师都建议甲银行接受以物抵债，甲银行综合各因素分析，同意以物抵债。

2003 年 10 月，某市中级人民法院的《民事裁定书》以最后一次委托拍卖底价人民币 3 938 760 元的价格裁定抵债。2005 年 12 月 7 日经总行批准同意，甲银行委托某拍卖有限公司将上述房产公开拍卖，以

176.5 万元人民币拍卖成交。

## 案例启示

1. 要高度重视信贷管理问题。客户经理没有认真做好贷前调查工作，对审查把关不严，对抵押物的土地性质和应补交地价款的情况未做详细了解；抵押前又未聘请有资质的评估机构进行有效的评估，而是采取双方议价的方式。

2. 以物抵债方式清收。贷款时高估了抵押物的价值，造成抵押物变现出现严重贬值，致使甲银行损失严重，最后甲银行接受以物抵债。以 176.5 万元拍卖成交，比法院拍卖 50 万元要高得多。

# 案例 035：发放美元外汇贷款后，企业关停
## ——商住用地抵债，超额收回贷款本息

**本案例清收处置路径：催收→诉讼→以物抵债→拍卖→超抵债金额**

## 案例简介

1989 年 10 月 16 日，乙银行某省分行与某县造船厂签订贷款合同，发放外汇贷款 35 万美元，由某县酒厂担保。某县造船厂借款到期后无法偿还，借款企业关闭，担保人某县酒厂也无力偿还。截至 2000 年 3 月 21 日，本金余额 30.1 万美元、利息余额为 27.66 万美元，本息合计 57.76 万美元。

## 清收措施

贷款到期后，借款人无法偿还，1999 年乙银行提起诉讼。甲银行

接收乙银行后，2000年3月22日，甲银行某支行与借款担保人签订抵债协议书，约定以某县某商住用地6832平方米抵偿贷款本息57.76万美元。甲银行某支行入账金额为478.24万元人民币。

2002年1月18日，接规划国土局通知，因城区建设的需要，对某支行抵债的土地进行回收，以同等的面积重新置换商住用地，并换发了土地使用证。

2004年5月27日，甲银行经总行批准，在某国土交易中心挂牌转让该商住用地，因价格过高无法成交。

随后，某规划国土局又通知某支行，因城区规划建设的需要，对某支行抵债的土地暂缓挂牌交易。后经甲银行与某规划国土局多次协调、沟通，最终同意甲银行继续对该土地进行挂牌处置。

抵债土地处置难点：（1）该地处于某市某区域内的一片荒地；（2）土地上现仍在种植农作物，目前尚未开发使用；（3）规划路未开通，未三通一平；（4）抵债物周边都是各金融机构和财政局的抵债土地，尚没有形成开发的商业环境；（5）该宗土地的使用年限在逐年缩减，给土地的处置变现增加了困难。

根据《中华人民共和国土地管理法》、《中华人民共和国城市房地产管理法》和某省《关于加快金融机构抵债土地处置的若干意见》等相关文件的规定，若该土地闲置两年以上未进行开发使用，存在被政府收回的风险。

为尽快收回贷款，减少抵债资产的损失，甲银行某支行2008年再向总行申请进行处置。以590万元对该土地进行了挂牌处置，拍卖成交价超额收回贷款本息。

## 案例启示

1. 在借款企业关闭前办理抵债。甲银行某支行及时与借款人、担保人签订抵债协议书，约定以某县商住用地抵偿贷款，为后面超额收回贷款本息打下基础。

2. 掌握拍卖时机。抢救不良资产，减少抵债资产的损失，在商住用地价格高时拍卖，超本息收回贷款。

## 案例036：盲目投资境外，资金被骗

——及时抵债清收部分贷款

**本案例清收处置路径：催收→诉讼→以物抵债→协议转让→收回部分本金**

### 案例简介

自 1988 年起，乙银行某省分行相继向某实业总公司发放了 8 笔贷款，除一笔人民币贷款由某华集团保证和一笔用人民币存款质押外，其余全由某市财政局担保。贷款余额为人民币 97 万元、美元 178.4 万元、港币 1 151.8 万元、日元 3 890.2 万元。

该实业总公司从乙银行贷款后，一部分用于某纺织品有限公司纤维棉及针梳织服装项目；另一部分挪用到香港、澳门搞房地产开发。由于企业投资的摊子铺得过大，且借款大多短贷长用，使不少投资项目中途夭折；或建成投产由于缺乏后继流动资金而无法正常经营；或由于投资存在资金缺口而停顿；或由于项目上马仓促，立项论证不充分而亏损。真正产生效益的项目不多，企业无力如期还贷。

### 成因分析

一、借款人方面

1. 市场变化，且借款人经营管理水平差、未能及时掌握分析市场的信息变化，入不敷出，终被市场淘汰。

2. 在未了解掌握对方信息的情况下，盲目投资境外的房地产项目，导致资金被骗，经营项目失败。

3. 法定代表人涉案入狱，公司经营出现危机，各债权人的诉讼加速了借款人的倒闭。

4. 担保人是国家行政管理机关，无实际履行担保的能力。

二、银行方面

1. 对一个企业集中发放过多的贷款，且金额过大。一旦借款人出现经营问题，贷款将无法得到有效的控制。

2. 管理不到位。由于借款人在异地，贷款管理很不到位，对企业如何使用贷款一无所知，特别是投资在港澳地区的项目，根本无法掌握，未能及时发现、揭示项目的风险问题。

3. 未办理贷款抵押。在乙银行发放贷款初期，未办理抵押手续，后来尽管该企业在国内有财产，乙银行亦未要求办理抵押，使贷款出现风险。

4. 采取措施不够及时。在多次催收不果后，乙银行未能马上采取法律手段清收，而是持观望态度，等其他债权人起诉后才加入，致使不能有效地保护自己的债权。

## 清收措施

乙银行在催收无果的情况下，于1994年6月对企业提起诉讼。经某省高级人民法院判决，判令某实业总公司偿还贷款本息，某华集团及某市财政局承担连带清偿责任。由于上述企业及担保人拒不履行法院已生效判决，乙银行申请了强制执行。在执行过程中，处理了企业部分财产用于抵偿部分债务。但由于企业拖欠债务达28 899万元人民币，拖欠职工工资和社保费500多万元人民币，现已严重资不抵债，经营基本停顿，职工绝大部分下岗，企业名存实亡，无财产可供执行。市财政局为国家机关，其管理的并非自有资产，也查不到可执行财产。因此该省高院（1996）第××号的《民事裁定书》对该案做出了终结执行的裁定。

据进一步调查，某实业总公司经营无起色，法定代表人涉案入狱，公司人员已解散，实在无法找到企业的可执行财产。

第一笔抵债资产：1999 年 3 月，甲银行接收乙银行的业务后，对该实业总公司所欠的债务进行了全面的清理。1998 年 6 月，该省高院下达（1996）第××号《民事裁定书》将该公司位于某市的一栋 13 层办公楼抵偿原乙银行贷款 4 963 910 元人民币和 336 万元港币的贷款及相应利息。

该资产兴建于 20 世纪 90 年代初期，目前现状是：占地 418.5 平方米，建筑面积 2 969 平方米；房屋为两幢连体建筑物，西座 4 层，东座13 层，建成后未曾使用，长时间闲置且欠缺维护，基本为毛坯状，外墙的玻璃膜墙 60% 已经损坏，属于未完工程。该资产因未结清建筑工程款（约 100 万元人民币）而无法取得正式房产证。

甲银行按总行抵债资产管理办法的有关规定，委托某资产评估有限公司对上述抵债资产进行了价值评估。评估结果是：市场评估价值为人民币 1 347 926 元，按评估价值的七成市场快速变现价值为人民币943 548 元处置。

第二笔抵债资产：2000 年某省高级法院又将位于某市某镇35 460.2 平方米的土地及地上建筑物裁定给原乙银行抵偿贷款 6 583 359.30 元人民币。甲银行接收乙银行后，为积极完善该资产的手续，曾试图将其过户到甲银行的名下，但因过户需支付较高的土地出让金和税费，因而暂缓办理过户取得正式的产权证。

2004 年，甲银行对上述抵债资产进行了评估。评估结果是：市场评估价值为人民币 1 857 070 元；市场快速变现价值为 1 299 949 元。但甲银行在委托拍卖时，发现若按 1 299 949 元成交，其尚须支付土地出让金和各种税费约 170 万元，成为负资产。而且，按当时当地的经济状况，甲银行多次推销均无法成交。

2004 年 11 月，为处置两笔抵债资产，甲银行经请示总行批准，同意按 100 万元为底价，进行协议转让。但经过 9 个月的推广，仍无法寻找到买家。原因仍然是价格过高。

经甲银行艰苦的寻找和谈判，有一个买家只愿意出价 80 万元人民币受让该块土地，全部的过户税费由买家承担。为尽快处置该已快成为负资产的抵债资产，最大限度地回收现金，该资产的处置方案经甲银行某分行不良资产处置委员会审议通过。并报请总行批准，对法院裁定抵债的上述两处资产进行了处置。并将处置后的资金，按规定在购汇完成后进行了账务处理。

## 案例启示

1. 贷前调查工作不认真细致。对借款人真实的经营状况，经营者的素质、还贷意识，贷款的用途等未能真实的了解。

2. 未能落实有效的担保和抵押。只相信国家行政管理机关——某市财政局的担保。

3. 贷款审查流于形式。未能做到严肃认真、严格遵守规章制度的审批程序。

4. 贷后监管不力。对于借款企业挪用贷款或从事其他的经营活动未能及时发现和制止。

5. 在执行过程中，法院将查封的部分财产用于抵偿原乙银行的部分债务，最后甲银行对抵债的两处资产进行了处置并收回部分贷款。

## 案例 037：企业债务沉重，且被众多债权人起诉

### ——诉讼后和解，用大厦抵债

**本案例清收处置路径：催收→诉讼→以物抵债→挂牌出售→收回部分本金**

### 案例简介

1993 年 2 月原乙银行与某国投公司签订借款合同，发放贷款人民币 300 万元，借款人以某市某大厦房产作抵押。因某国投公司经营较差，债务较沉重，逾期后未能还款。

### 清收措施

由于某国投公司无法偿还贷款，在催收无果的情况下，1996 年 3 月原乙银行提起诉讼。在法庭的调解下双方达成和解，但在和解的过程中因某国投公司债务较沉重，且被众多的债权人执行，还款计划未能实现。为降低风险，1998 年 5 月 26 日，原乙银行与借贷公司签订抵债协议，接受该公司在某市某大厦面积为 226.4 平方米的 4 套房产，抵偿剩余的 1 527 600 元人民币贷款本息。

甲银行接收原乙银行后，根据《某省土地使用交易权交易市场管理规定》及某市人民政府《关于进一步规范我市有形土地（产权）市场运作的暂行规定》的要求，经咨询，上述抵债资产的处置必须进入"某市商用土地交易中心"公开交易。2004 年 6 月，甲银行某支行委托某资产评估有限公司对上述资产进行评估，评估结果为 575 056 元人民币，即 2 540 元/平方米；建议拍卖底价为 345 033 元人民币，即 1 524 元/平方米。该资产存在的瑕疵：一是建成的时间较早，房屋较旧；二是房产的位置、朝向较差。

因此，甲银行经其不良资产处置委员会审议通过并报其总行批准后，向"某市商用土地交易中心"提出申请，选择公开挂牌出售的方式，以 1 524 元/平方米为底价进行挂牌出售，最终收回贷款 345 033 元人民币。

### 案例启示

1. 发放贷款时用房产作抵押。原乙银行某支行对某省国际信托投资公司发放贷款，以某市某大厦的房产作抵押，为抵债清收打下了基础。

2. 银行及时抵债。为降低风险，在法庭的调解下，银行与公司签订抵债协议，最后公开挂牌出售，是本清收方案最终收回部分贷款的好办法。

## 案例 038：企业人去楼空，营业执照被注销

——用未上市的股权抵债

**本案例清收处置路径：催收→诉讼→以物抵债→协议转让→收回部分本金**

### 案例简介

1997 年 11 月 12 日，甲银行某分行向某市某石业行（以下简称某石业行）开具 300 万元人民币银行承兑汇票，用途为购买石材，收款人为某石材加工厂，40% 为保证金，60% 由某市某实业公司提供担保，期限六个月。

1999 年 10 月 15 日，借款人的营业执照被某市工商行政管理局注销。担保人某市某实业有限公司（以下简称某实业公司）是有限责任

公司，最后一次的年检时间为 2003 年 9 月 1 日，已连续两年未参加工商年检。

## 成因分析

1. 借款人的项目因缺乏后续建设资金而烂尾，货款无法及时回笼，直接影响贷款无法收回，第一还款来源没保证。

2. 借款人内部因股东纠纷、经营不善、管理混乱，盲目赊货无保障，导致资金周转困难，最终被迫停业，无力偿还贷款。

3. 担保人也因体制落后、经营管理不善而倒闭。

## 清收措施

银行承兑汇票到期后，借款人因经营不善不能履约支付，甲银行在扣收 40% 保证金和部分款项后，实际出现垫款 177.3 万元人民币。

该笔银行承兑汇票出现垫款后，甲银行立即组织专人进行催收，但借款人和担保人皆以资金紧张为由，不履行还款义务，催收无果。为维护债权，甲银行于 1998 年 9 月 2 日向法院诉讼借款人和担保人。1998 年 12 月 22 日法院判决甲银行胜诉。1999 年 8 月 24 日，在判决生效后，甲银行向法院申请强制执行。在执行中，法院将借款人拥有的某市某开发区股份有限公司未上市的 22 万股股权作价 212 600 元人民币裁定给甲银行抵债。因查找到其他可供执行的财产及财产线索，法院于 2001 年 9 月 24 日，裁定终结执行。2005 年 4 月，甲银行从法院查封的股权中收回股息 14 415 元人民币；同年 10 月，甲银行经总行批准将抵债的股权协议转让，收回 66 000 元人民币，在扣除诉讼费及处置费用 44 962 元人民币后，收回贷款本金 21 038 元人民币。

## 案例启示

1. 授信前调查人员缺乏对第一还款来源的了解，反映问题不全面，未及时揭示风险隐患。借款人某石业行工商注册资金仅为 29 万元，汇票敞口高达 180 万元，与借款人的能力相差较远，存在风险隐患较大。

2. 授信时审查流于形式，把关不严。审查人员对企业的真实情况审查把关不严，对真实的贸易背景了解不清，仅凭经办人的介绍马虎审查。

3. 担保形同虚设。对担保人的调查流于形式，没有真正了解担保人的具体经营情况，担保人规模小，不具备担保资格。

4. 催收无果，为维护债权，及时向法院诉讼借款人和担保人，最后裁定用股权抵债，收回的贷款比例较少，教训深刻。

# 案例 039：我国第一家财务公司退出市场

## ——及时采取抵债清收方案

**本案例清收处置路径：催收→诉讼→以物抵债→拍卖→收回部分本金**

### 案例简介

某经济特区发展财务公司（以下简称某发财务）是非银行金融机构，1998 年在甲银行拆借资金 4 笔：人民币 2 000 万元、人民币 1 000 万元和美元 200 万元、美元 200 万元。但到 2003 年 4 月 14 日，某市投资管理公司批复某发财务从金融市场退出。

某发财务系非银行金融机构，是中国第一家企业集团财务公司，为某金融业的创新与开拓起到重要试验田的作用。由于 1998 年亚洲金融危机的冲击，业务完全停顿，甲银行无法收回拆借资金。

### 成因分析

1. 亚洲金融危机冲击。由于持续数年的惊人的飞速发展，泡沫破灭之后，各种导致市场动荡的因素交汇在一起，发生巨变，爆发危机。受其影响，我国第一家信托投资公司的破产引起了大幅度的连锁反应。

2. 企业自身管理滞后，不能适应市场的变化。企业的发展未能和管理的进步相伴而生，盲目跟风导致其管理上的失误，造成其经营的极度不确定性，反过来也增大了市场的不确定性，从而最终影响企业的正常运转。

3. 盲目投资，负债经营。企业经营策略和步骤没有适时适度调整，投资项目的过程没有被密切控制，财务指标没有最大限度反映经营现实，导致投资评估失真，效益较差，经营出现严重问题。

## 清收措施

2003 年 1 月，中国人民银行某市中心支行发出《关于切实做好某经济特区发展财务公司、××集团财务公司市场退出有关工作的通知》，某发财务退出金融市场并进入清算阶段。甲银行采取了如下清收方法：

1. 诉讼清收。甲银行于 1999 年 5 月向某市中级人民法院提起诉讼，经法院受理分别于 1999 年 2 月 23 日和 7 月 7 日形成民事判决书，判决某发财务限期偿还所欠甲银行本息。判决书生效后，某发财务未能如期清偿债务。

2. 抵债清收。根据信息反馈分析认为：某发财务退市已成定局，其债务较大，受偿比例将会很低。为保全资产，降低损失，甲银行由行长带队与某发财务多次协商。在无法收取现金的情况下，最后决定采取以物抵债方式偿还甲银行债务。甲银行与某发财务共签订两笔以物抵债协议，分别是位于某镇的"某惠大厦"房产和"某通大厦"房产，总抵债金额为人民币 30 995 717 元。

一、某惠大厦房产的处置

2000 年 8 月，某发财务与甲银行签定抵债协议，用位于某市某镇的某惠大厦房产抵偿甲银行债务，抵债金额为人民币 17 407 797 元，建筑面积 15 825.27 平方米，该公司进入清算阶段时，该抵债房产尚未过户到甲银行名下，房产的发展商仍拖欠工程款。依据最高人民法院司法解释，工程款优先于贷款受偿原则，抵债房产如不加快处置将存在风险。房产抵债协议条款表明，变更权属登记所发生的税费由甲银行支付，两次变更共需发生税费466.73万元人民币。经推广宣传，某市某实业有限公司同意以人民币800万元的价格购买抵债资产，并承担由甲银行支付的466.73万元税费，该价格高于其他金融机构在当地处置同等水平房产的价格。经请示，总行批复同意甲银行处置方案，该房产变现资金800万元人民币分三次划入甲银行，并做相应账务处理。

二、某通大厦房产的处置

2001年8月，甲银行与某发财务及某汽车公司签订《以物抵债协议》，并通过该市中级人民法院（2002）第×号《民事裁定书》的裁定，以某汽车公司名下的某通大厦第7层1 698.49平方米的房产抵偿甲银行拆借资金，抵债金额为人民币13 587 920元。2003年年中该房产过户到甲银行名下后，报经总行同意，将该抵押房产转入表内待处理抵债资产科目核算。

由于某发财务从2001年起已停止经营，债权人众多，以8 000元/平方米价格抵债也是特定时期某发财务大量债务人在无法得到有效清偿前提下选择的方案。某通大厦房产所处物流仓库区内，写字楼空置率较高，房产使用年限仅13年，价格不断下降，参照该地段其他高层房产的拍卖价格，已从2002年的2 900元/平方米降至2003年的2 600元/平方米。甲银行抵债房产的楼层较低，周边环境较差，整层购买的客户较少，市场价格约2 400元/平方米。报经总行批复同意，委托某拍卖行对其进行了公开拍卖处置，买受人以4 076 376元人民币价格成交，扣除拍卖费，余款于2004年6月24、25日分两笔划入甲银行，变现净额3 994 848.48元人民币。

三、壳资源转让

甲银行申请强制执行近四年，除办理以物抵债外，基本已无资产可再回收。因某发财务为非银行金融机构，拥有金融许可证，国内一机构拟以拆借资金本金余额的 10%的金额收购壳资源。如此操作对甲银行的有利因素是：第一，某发财务负债众多，退出金融市场直至破产清算时间漫长，清偿比例又低；第二，可直接收回现金人民币 331 万元，且保有对剩余债权的追索权。报请总行同意后，甲银行与某发财务、某海外贸易有限公司、某集团公司签订《债权债务处理协议》，并于 2005 年 2 月 1 日收回现金人民币 331 万元。又经国家外汇管理局某市分局核准，偿还甲银行美元拆借资金本金 399 328.5 美元。

该案在执行过程中，某发财务除通过以物抵债方式偿还甲银行部分债务外，已无其他任何资产可供执行。2005 年 10 月 4 日，按协议约定，该市中级人民法院以（2002）第×号《民事裁定书》对上述《民事判决书》终结执行。剩余债权最终承接人转为某海外贸易有限公司，甲银行与之签订还款协议书。

## 案例启示

1. 拆借资金失误。某发财务虽然是中国第一家企业集团财务公司，但由于另一投资公司破产连带的影响，导致该公司大量到期债务不能按期支付，业务完全停顿，甲银行无法收回拆借资金。

2. 采取以物抵债方式清收。在借款人出现预警无法收回现金的情况下，甲银行及时采取以物抵债的方式清收，最大限度减少了银行资产的损失。

# 第七部分

# 破产清偿案例

### 破产清偿

破产清偿是指债务人依法破产，债权人将债务人的资产进行清算后，按照偿付顺序，所得到的偿付。

企业破产是市场经济的必然产物。一些企业由于经营不善或不能适应产业结构调整的需要，造成资不抵债，不能偿付到期的债务，企业继续经营无望。对这样的企业进行破产有利于整个社会资源配置效率的提高。

## 案例 040：企业资金链断裂，贷款风险突现

### ——快速反应，成功清收一亿元贷示

**本案例清收处置路径：催收→诉讼→破产清偿→全额收回本息**

### 案例简介

2012 年 9 月 26 日，甲银行某支行给予某业贸易有限公司（以下简称某业公司）综合授信额度 11 000 万元人民币，敞口 11 000 万元人民币，担保方式为权属人为某市某越投资有限公司位于某市某区某号大院的建筑物及土地使用权。土地使用权面积为 25 403 平方米。另追加申请人实际控制人陈某某及其配偶提供个人无限责任保证担保。某业公司主营业务是：购、销有色金属矿产品、半产品、制造加工冶炼及销售有色金属及其副产品、化工产品、纺织材料等。

### 成因分析

发放贷款后，某业公司经营和还息情况正常，但 2012 年 11 月 8 日，某业公司突然向甲银行告知第三方抵押物权属人某越投资有限公司股东之一的"某粤集团"出现资金困难，被债权人追债。

经核实了解，第三方抵押物所有权人某越投资有限公司股东之一的"某粤集团"出现债务纠纷和资金链断裂等问题，导致该笔授信风险突现，主要原因是：（1）企业资金被某粤集团挪用。（2）某粤集团涉及民间借贷，资金链断裂。

某粤集团的子公司与甲银行借款人某业公司有长期的业务合作关系，此次是某业公司支付预付款后，资金被合作单位的母公司某粤集团挪用。某粤集团风险发生后，某业公司的经营已处于停业的状态，只有 1~2 人留守公司。截至 2014 年 4 月 30 日，某业公司在甲银行的授信余

额为人民币 10 938.4 万元。

## 清收措施

2012 年 11 月 8 日甲银行得知第三方抵押物权属人某越投资有限公司的股东之一某粤集团出现资金困难，被债权人追债的情况，及甲银行的借款人某业公司的经营已处于停业的状态后，认定借贷公司已经丧失第一还款来源的偿还可能。

案件出现后，甲银行快速反应，在风险总监的指挥下，保全部总经理和某支行多次前往催收。在第一还款来源无法偿还的情况下，及时把清收重点转向第二还款来源的抵押物。甲银行为保护资产的安全，避免该抵押物可能存在的债务风险，于同年 11 月 12 日及时采取诉讼手段查封了抵押物。

同时，甲银行认真分析了第二还款来源的清收可行性。甲银行的贷款抵押物位于某市某区，办理抵押时的评估价值为人民币 6 500 元/平方米；2012 年 12 月某国土局挂牌拍卖抵押物附近的一块土地，市场成交价为人民币 11 000 元/平方米；2013 年 5 月初，某国土局挂牌拍卖该区的一块土地，市场成交价为人民币 25 560 元/平方米（上述两地块还包含配套建设经适房）。

为了能尽快收回资金，甲银行曾联系过一些大型房产公司欲将抵押物处置。正当甲银行准备对抵押物进行处置的时候，2012 年 12 月 12日，某中院做出（2012）第×号《民事裁定书》，裁定对某粤集团包括其下属 34 家公司进入破产重整，其中甲银行抵押物权属人某越投资有限公司也在 34 家公司范围之内，导致甲银行无法单独处置。

由于事出突然，为避免出现社会骚乱，某市政府牵头组织了专案组（破产管理人），对某粤集团的债务进行清理重整。专案组由某中院、2家律师事务所、4 家会计师事务所等组成。

从 2012 年 12 月起，共召开了债权人大会 5 次，处理方案也更改 4次。由于账务复杂，审计对账时间持续了 10 个月，期间曾有其他集团或公司等不同的主体计划整体收购，但因普通债权人的赔偿率较低，以及不断有人上访和干扰，致使案件的处置进度较为缓慢，导致资产的核查和处置较为困难。

截至 2013 年底，确认债权人资格 466 户（不含职工债权），确认债权金额 56.7 亿元人民币。其中：抵押债权共 29 户，金额 28.67 亿元人民币（其中可实现优先受偿的抵押债权 26.04 亿元，基本上为金融机构）；工程款债权 62 户，金额 0.2 亿元人民币；税务债权 23 户，金额 0.97 亿元人民币；普通债权 352 户，金额 26.84 亿元人民币。

按法律规定，甲银行抵押有效，有优先受偿权，属于破产管理人所列优先受偿程序。

2013 年 12 月，当中国某资产管理公司有意整体收购某粤集团的全部资产的时候，普通债权 352 户，占 75%；金额 26.84 亿元，占 47.3%。普通债权人对《重整计划草案》（初稿）中的受偿比例仅占 12% 提出反对意见，使得债权人表决大会无法召开。在此之前，有意整体收购的公司也因存在同样问题，无法推进重整。

2014 年 2~5 月，甲银行风险总监及时与多方金融机构联系沟通；某支行行长多次亲自到某市与当地金融机构一起做普通债权人的工作，争取债权人与法院和管理人达成一致意见，通过《重整计划草案》。

为推动《重整计划草案》的实施，2014 年 4 月 21 日，甲银行保全部总经理与某支行行长前往某资产公司，调查了解其整体收购的计划和进展情况，以推动《重整计划草案》的落实。

从 2013 年 11 月开始，中国某资产管理公司有意整体收购某粤集团的全部资产，收购金额为 36 亿元人民币。2013 年 3 月 3 日《重整计划草案》初稿完成。该公司的付款方案是：（1）自重整计划草案经某中院裁定批准之日起 15 天内，该公司向管理人一次性支付全部重整款；（2）管理人在取得抵押权人的解除查封之日起 30 天内，一次性偿付给相关的债权人。

由于《重整计划草案》中普通债权人受偿比例较低，债权人大会进行表决有可能无法通过。为推动重整计划实施，甲银行建议某公司增加一些收购金额，有利于《重整计划草案》的尽快通过。

为推进重整计划，2014年5月5日，甲银行某分行行长、风险总监和保全部总经理、某支行行长一行到某市与该市市长、主管副市长，该市人民法院院长、副院长会面，了解、推动重整计划的实施，并建议该市政府拿出可行措施支持中国某资产管理公司对某粤集团等34家企业的整体收购。

在甲银行与多方金融机构的努力下，某市政府同意减免部分费用和出资收购原土地平整费用等约1亿元支持中国某资产管理公司对某粤集团34家企业的整体收购；某资产管理公司也同意增加收购款6 500万元人民币。这样，普通债权人的第一次受偿比例整体增加到20.1%。2014年5月30日，债权人召开第5次大会进行表决，终于成功通过了《重整计划草案》。某资产管理公司对某粤集团34家破产重整企业的整体收购款为人民币36.65亿元，全部到达破产管理人的账户上。甲银行接到消息后，主动前往协商并办理相关手续。与法院、管理人衔接并洽谈该案破产费用和管理人的管理费用问题后，甲银行保全部和破产管理人完成了在某市房产局的抵押物涂销手续和法院的解封手续。管理人办理转账汇款108 325 403元人民币到甲银行账户，甲银行及时扣收某业公司所欠的贷款。

## 案例启示

1. 担保方式为权属人为某市某越投资有限公司位于某市某大院的建筑物及土地使用权，提供抵押担保是本次破产案收回大部分贷款的关键。

2. 反应快速。成功收贷1亿元多，是一个多层次、全方位的系统工程，体现在甲银行某分行内部，支行与各个部门的联动，领导与员工上下层面的密切配合；对外与借款人的谈判，与破产管理人、收购方及时联系，与多方金融机构的沟通合作；与当地政府部门沟通会面；与各普通债权人的沟通和解释等各个方面。这是甲银行某分行成功清收不良贷款 1 亿多元的关键之所在，同时，也为甲银行清收不良资产积累了经验。

## 案例 041：上市公司连续三年亏损，被暂停上市

### ——破产重整仅回收本息的 13%

**本案例清收处置路径：催收→诉讼→破产清偿→收回部分本金**

**案例简介**

2001—2002 年，甲银行向借款人某龙集团股份有限公司（以下简称某龙公司）两笔授信：第一笔，2001 年 6 月 6 日贷款人民币 2 500 万元，期限 1 年，某达公司提供连带责任保证担保。到期后因资金周转困难，申请展期 1 个月。展期到期后该公司申请归还 800 万元人民币贷款，其余 1 700 万元人民币借新还旧，期限 1 年。到期后因扩大再生产添置渔船，资金周转困难，归还 200 万元人民币后，再次借新还旧 1 500 万元人民币，期限 1 年。第二笔，2002 年 1 月 22 日，某龙公司再次向甲银行申请新增贷款 1 500 万元人民币，期限 1 年，由某豪科技教育投资股份有限公司（下简称某豪科教）提供连带责任保证担保。该贷款到期后因借款人资金周转困难，归还 750 万元人民币后，其余 750 万元人民币借新还旧，期限 1 年。

借款人某龙公司是一家上市有限责任公司，2007 年 3 月因连续三年亏损被暂停上市，2008 年经某市人民法院批准破产重整。

担保人某豪科教原为一家化纤股份有限公司。1998 年 12 月，更名为"某农业股份有限公司"；1999 年 9 月又更名为"某豪科技教育投资股份有限公司"。2002 年，该公司受欧亚农业事件牵连，经营受到严重

影响，诉讼缠身，除教育产业受地方政府保护勉强维持外，其余财产均被拍卖、变卖、转让；2005年8月5日被终止上市，已丧失担保能力。

另一担保人某达集团原是以稀土开发应用为主的企业集团，后向多个领域投资，致使资金分散，负债过重，主要资产均被债权人查封执行，逐步丧失担保能力。

## 成因分析

借款人某龙公司经营不善，特别是2005年印尼发生大海啸事件，某龙公司共有26艘远洋渔船受到不同程度的破坏，损失严重，主业难以恢复。因其负债过重，资不抵债，被多家债权人诉讼，主要资产均被查封执行，重组困难，连续三年亏损，已被暂停上市，2008年经某市人民法院批准破产重整。

担保人某达集团放弃具有良好前景的稀土主业，却热衷于资本运作，在短时间内大量投资、兼并包括某上市公司在内的大量投资项目，致使负债过重、资金难以为继，投资失败，招致多家债权人诉讼，主要资产被查封执行，失去担保能力。

担保人某豪科教盲目投资，资不抵债，诉讼缠身，除校产部分因受政府保护，法院不予执行外，其余财产均被查封执行或变卖，企业停业，已丧失履行担保责任能力。

## 清收措施

上述两笔借新还旧贷款到期后，借款人、保证人均无力偿还贷款，经多次催收未果，甲银行于2005年3月向法院提起诉讼，某市中级人民法院以（2005）第×号《民事判决书》、某市某区人民法院以（2005）第×号《民事判决书》判决甲银行胜诉。

2008年，经某市人民法院以（2008）第×号《民事裁定书》批准破产重整，并按不低于13%的申报债权本息金额比例支付甲银行7 396 908元人民币，重整清偿完毕。

## 案例启示

1. 甲银行在开展业务时，对借款人的真实情况没有认真了解，在没有提供有效抵押物，仅有关联公司担保的情况下发放贷款。

2. 审查流于形式，在对借款人、担保人还款能力没有认真分析的情况下，盲目审批放款。

3. 贷后监管不力，错过最佳清收时机。最后借贷企业破产重整完成后，按比例仅收回贷款资金的 13%。

# 案例 042：诉讼执行困难重重，执行款无法扣收

## ——企业最终破产收回执行款

**本案例清收处置路径：催收→诉讼→借款人破产清偿→担保人破产清偿→大部分收回本金**

## 案例简介

2002 年 11 月 19 日，甲银行向某造纸股份有限公司发放人民币流动资金贷款人民币 3 000 万元，期限一年，由自用的机制纸浆设备作抵押。2003 年 11 月 19 日办理展期 9 个月，并增加了某锌业股份有限公司提供连带责任担保。借款和担保企业都是上市公司。

## 成因分析

1. 借款人某造纸公司亏损严重。2008 年亏损额 1.9 亿元人民币。借款人也是欠税大户，截至 2009 年 2 月 28 日，累计欠缴税款 1.41 亿元人民币，累计欠税滞纳金 8 488.41 万元人民币。

2. 担保人某锌业公司连续两年亏损严重。它是一家自身没有矿产

资源的单一冶炼企业，受累有色金属价格暴跌，2008 年业绩巨亏近 10 亿元人民币。因连续两年亏损，这个国内最大的锌冶炼企业也游走在了退市的边缘。

3. 多家银行已经采取重组措施。各家银行为解决逾期贷款问题已经采取各种措施进行了债务重组，解决了部分银行贷款的逾期问题。

## 清收措施

2004 年某造纸股份有限公司贷款到期后无法偿还，甲银行在催收无果的情况下采取法律措施——某市中级人民法院于 2004 年 10 月 28 日做出生效判决，判令某造纸公司向甲银行偿还本金人民币 3 000 万元及利息、罚息。某锌业公司在某造纸公司提供的抵押物价值范围外承担连带清偿责任。由于两被告拒不履行，甲银行于 2005 年向某市中级人民法院申请强制执行。

为加大执行力度，甲银行于 2007 年 12 月 24 日委托某律师事务所风险代理本案，该所积极推动本案的执行工作，加大强制执行力度，法院由副庭长亲自承办此案。

1. 查封抵押设备。2005 年开始对某造纸股份有限公司的抵押物进行查封评估拍卖工作，原评估价是一个清产核资的总资产评估。由于该企业还款意愿不强，某市中级人民法院一直无法进入厂区对抵押物机制纸浆设备实行查封、评估和拍卖等法律措施。

2008 年 7 月，由法院执行局两位副庭长率办案人员及法警十五余人，加上某中院的协助警力二十多人，对某造纸公司的机器设备进行强行进厂评估，过程中，遭遇暴力抗法，一位副庭长受伤。

2. 冻结股票。2008 年 3 月 19 日，协调法院在极短的时间内赶赴上海证券交易中心，冻结某锌业公司持有的××股票 191 000 股。

3. 扣划和冻结相关账户。扣划某锌业公司近 13 355 548.83 元人民币到法院账上；冻结其在大连商业银行的承兑汇票保证金 3 200 万元人民币，冻结其在大连深发行承兑汇票保证金 8 000 万元人民币。

冻结期限到 2008 年 7 月。该两笔承兑汇票已分别于 2008 年 2 月和 3 月到期而无法全额承兑，给其造成较大被动，某锌业公司多次来函来人要求法院解封，法院未予采纳。但在 7 月，法院办理续冻的过程中，发现大连深发行某支行在未经法院许可的情况下，擅自将 8 000 万元承兑汇票保证金解付。法院以（2005）第××号文，严肃告知深发总行，责成该行令大连某支行在一个月内追回转移款项并追究直接人员责任，否则，将追究某发行总行责任。但最终无任何结果。

2009 年本案已被某省市清案办作为清理督办案件，由某市司法局负责督办。该司法局与法院多次讨论案情，并于 2009 年 6 月 9 日到借款人某造纸公司所在地与某造纸公司多次谈判，无法达成还本免息的和解方案。

2012 年 6 月 3 日，甲银行收到某造纸股份有限公司寄到某造纸股份有限公司破产重整公告通知。根据《××省××市中级人民法院公告》，某造纸股份有限公司于 2012 年 5 月 22 日重整。2012 年 9 月 6 日，《××省××市中级人民法院民事裁定书》（2012）第×号裁定生效，于 2012 年 12 月收到某造纸股份有限公司破产重整款 7 007 339 元人民币。

某造纸公司已经破产清算完毕，甲银行向某中院提起申请将已扣被执行人 1 300 多万元人民币的现金款项划到甲银行，并变卖某锌业公司持有的××股票 191 000 股，获得 700 多万元人民币，用于偿还某造纸股份有限公司所欠贷款。

### 案例启示

1. "以贷引存"的后果。对异地贷款企业经营情况不清楚，为拉存款而办理承兑汇票取得保证金存款，最后贷款无法收回。这是"以贷引存"造成该不良贷款的教训。

2. 诉讼执行困难。虽然执行中查封了不少东西，但由于异地地方保护主义严重，使法院执行难，是该笔贷款长时间无法收回的又一原因，同时抵押与担保的清偿顺序为执行带来困难。

3. 最后以破产重整获得解决，收回贷款。

# 案例 043：中国最大的证券公司破产案

——实际用款人是证券公司，银行从破产中收回贷款

**本案例清收处置路径：催收→诉讼→破产清偿→收回部分本金**

## 案例简介

2003 年 9 月，甲银行某支行向某市某贸易公司发放流动资金贷款 4 500 万元人民币，期限一年，贷款由某证券股份有限公司某分公司、某园林工程有限公司提供连带责任担保，实际用款人是某证券股份有限公司，借款人实际为某证券股份有限公司的融资窗口，自身并无经营，也无还款能力。

## 成因分析

1. 借款人自有资金少，无正当经营，本身无偿还能力，作为某证券股份公司的窗口公司，贷款资金被某证券股份公司挪用在炒股票上。

2. 当时的证券业监管不到位，出现证券公司违规经营，挪用巨额客户交易结算资金炒股票的情况，后因出现巨额的亏损不得不破产清算。2005 年，某证券股份有限公司因经营不善而关闭，并于 2006 年 8 月 16 日被某市中级人民法院依法宣告破产。

3. 在贷后管理中，客户经理责任心不强，在发现风险后没有及时采取积极的有力措施做出相应补救，保全其他有效资产，影响了甲银行信贷资产的回收。

## 清收措施

2004 年贷款逾期后，借款人仅偿还了人民币 600 万元。甲银行在多次催收未果的情况下，向某市中级人民法院提起诉讼，因案件涉及担保人某证券股份公司严重违法违规经营，且管理混乱已被某市政府行政托管，某市中级法院按最高人民法院的指示不予受理。2005 年，某证券股份公司因挪用巨额客户交易结算资金被中国证监会取消证券业务许可并责令关闭。2006 年 8 月 16 日，某市中级人民法院宣告：因资不抵债，某证券股份公司破产还债。

破产清算组经一年多的清算工作，债权清算工作基本完成。某中级法院于 2007 年 11 月 23 日召开了债权人会议，公布了破产公司的第一次财产分配方案：某证券股份公司持有哈飞股份股票 107 059 342 股；哈药股票 412 138 071 股；现金人民币 703 318 917 元。其中甲银行分得现金人民币 1 512 035 元，哈飞股份股票 233 150 股和哈药股票 897 539 股。甲银行直接在二级市场出售所分配的哈飞股票收回资金 6 651 877 元人民币，分三期出售哈药股票收回资金 11 942 481 元；2008 年 11 月，某证券公司第二次破产分配方案中，甲银行又分得现金人民币 2 143 013 元；2010 年 3 月，甲银行又分得现金 2 143 013 元人民币，某证券股份公司破产分配给甲银行的股票处置所的现金和分配的现金合计 24 392 429 元人民币，全部用于偿还贷款本金。

## 案例启示

1. 借款人自身并无经营能力，也无还款能力，实际为某证券股份有限公司的融资窗口，贷款资金被某证券股份公司用作炒股票，贷款存在巨大风险。

2. 在借款人被工商部门吊销营业执照，实际用款人关闭且破产清算的情况下，及时对某证券股份公司破产清偿收回部分贷款。

# 案例 044：我国首例信托投资公司破产案下属公司的贷款

## ——破产清算后核销

**本案例清收处置路径：催收→诉讼→破产清偿→收回部分本金**

### 案例简介

1997 年 10 月 16 日，甲银行某分行与某省信托房产开发公司（以下简称某信托房产）签订了《人民币借款合同》。合同金额为 2 950 万元，实际发放 2 250 万元，期限一年，用于购买公司开发房地产项目的建筑材料。双方还签订以位于某市某区某大厦 5~10 楼的房产作抵押，并在该市国土局、房管局登记在案。同时，贷款由某国投公司提供担保。借款人某信托房产是担保人某国投公司（以下简称某国投）属下的全资机构。

担保人某国投公司经由某省政府批准，成立于 1980 年 7 月，属企业法人；1983 年经中国人民银行批准为非银行金融机构，享有外汇经营权；1989 年，被国家主管机关确定为全国对外借款窗口。20 世纪 80 年代末期，某国投公司由单一经营信托业务发展成为以金融和实业投资为主的企业集团。1998 年 10 月 6 日，受亚洲金融危机冲击及自身经营管理严重混乱，严重资不抵债等问题的影响，中国人民银行宣布对其实施为期三个月的行政关闭清算。1999 年 1 月 16 日，依法宣布某国投公司及其全资子公司破产。这是我国首例非银行金融机构破产案，借款人和担保人的财产被列入破产财产由破产清算组统一对外确认债权，统一对外追收债权，统一按债权比例进行财产分配。破产财产直接导致甲银行无法对借款人和担保人的其他财产进行查封追收。

## 成因分析

1. 房地产行业进入收缩期。因房地产行业发展过快，国家为控制该行业快速增长和控制行业泡沫经济的产生，对其实行紧缩的调控政策，借款人经营因此严重受阻。

2., 办理在建工程抵押手续不完备，《房地产抵押合同》中未标明国有土地使用权证、建设工程规划许可证及建设用地规划许可证的编号，也未全面考虑到该房产所有权的其他共有人的意见，使甲银行在诉讼中处于被动，导致贷款形成损失。

3. 担保企业某国投公司于 1998 年 9 月进入破产清算程序。

## 清收措施

由于受房地产行业紧缩的影响和担保企业 1998 年 9 月进入破产清算程序，直接导致该笔贷款逾期。甲银行一方面进行有关债权登记，另一方面向某中院提起诉讼，请求法院判令借款人偿还贷款本息，享有抵押物优先受偿的权利。

该笔贷款抵押物为在建工程，借款人和某省人民政府外事办公室（以下简称某省外办）共同为工程项目的建设单位。甲银行诉讼后，某省外办对抵押物提出异议，另案诉讼。建设部《城市房地产抵押管理办法》第二十八条规定：以在建工程抵押的，抵押合同应载明国有土地使用权证、建设工程规划许可证及建设用地规划许可证的编号；第三十二条规定：办理抵押登记，应当向登记机关交验可以证明抵押人有权设定抵押的文件和证明材料以及其他共有人同意抵押的证明；第十九条规定：以共有房地产抵押的，抵押人应当事先征收其他共有人的书面同意。法院据此法律依据，认为该笔贷款抵押物在未征得该在建项目另一共有人某省外办同意的情况下，将其办理抵押，不符合在建工程抵押登记的法律要件，某中院以（1999）第×××号民事判决书判令：借款人归还甲银行贷款本息，双方所签《房地产抵押合同》属于无效合同。

经法院对借款人财产搜查的结果，因涉及某国投公司破产案，除抵押物外，查无其他可供执行的财产。2004 年 11 月 13 日某中院以（2004）第××××号民事裁定书裁定上述（1999）第×××号《民事裁定书》中止执行。

截至 2005 年 7 月，共依法进行三次财产分配，甲银行累计分配金额是 2 750 016.44 元。某高院以（1999）第××号《民事裁定书》终结了某国投公司破产案破产程序，历时四年的破产案宣告终结。

截至 2006 年 9 月 21 日，借款人某信托房产仍欠甲银行人民币贷款本息 35 943 898 元，其中本金人民币 21 370 999 元，表外利息 14 572 899 元。2006 年 9 月根据财政部《金融企业呆账核销管理办法》和《甲银行呆账核销管理办法》的相关规定，上述贷款已符合呆账的认定标准，向总行申报审批核销。

## 案例启示

1. 办理在建工程抵押手续不完备，也未全面考虑到该房产所有权的其他共有人意见，使甲银行在诉讼中处于被动，导致贷款形成损失。

2. 借款人某信托房产是我国首例非银行金融机构破产案，借款人和担保人的财产被列入破产财产，破产财产直接导致甲银行无法对借款人和担保人的其他财产进行查封追收，贷款成为损失。

# 第八部分

# 打包处置案例

方案概述

## 打包转让

　　打包转让是银行在处置不良债权过程中的又一种处置方式。这种方式将其不良债权通过买断方式转让给资产管理公司处置。而资产管理公司之所以买断债权，是因为资产管理公司比银行在处置不良债权时有更有利的条件。

# 案例045：我国第一家银行关闭清算，拆借无法收回

## ——清算多年无果打包处置

**本案例清收处置路径：催收→关闭清算→打包转让→收回部分本金**

### 案例简介

1998 年某发展银行某分行向甲银行某分行拆借资金两笔，共计人民币 6 000 万元。第一笔于 1998 年 4 月 13 日双方签订《资金拆借合同》，合同金额 3 000 万元，期限至 1998 年 8 月 13 日；第二笔于 1998 年 6 月 19 日双方签订《资金拆借合同》，合同金额 3 000 万元，期限至 1998 年 8 月 19 日。该资金拆借均经过人民银行的签证。

### 成因分析

一、客观原因

1. 亚洲金融危机的冲击。亚洲金融危机影响我国外部经济环境，适逢我国经济调整期。

2. 某发展银行本身经营不良，出现风险问题，加之巨大的不良资产包袱，加速了某发展银行的关闭。

二、主观原因

1. 对拆借银行的经营状况未进行贷前调查，某发展银行发生严重经营问题也未能及时发现，致使甲银行在拆借发生不久后就遭遇某发展银行宣告关闭的严重失误，直接导致拆借资金形成损失。

2. 从拆借的发放到形成呆坏账的整个过程中可以看到，随着银行业日益发展扩大，债权债务业务日益错综复杂，把握风险的难度更大。特别是要求银行对宏观经济形势的把握，对企业的发展预测都要具有前瞻性，这是甲银行应该认真吸取的深刻教训。

### 清收措施

资金拆借后，由于某发展银行总行经营出现问题，中国人民银行于 1998 年 6 月 21 日批准其进入关闭清算程序。甲银行进行有关债权登记，于 1999 年 9 月 7 日办理"某发展银行境内对公债务确认登记表"，取得关闭某发展银行清算组的债务确认书。债务确认书确认某发展银行债务截止于 1998 年 6 月 21 日，即某发展银行关闭日的合法债务本息金额，甲银行某分行为本金人民币 60 000 000 元，利息 681 000 元，本息合计 60 681 000 元。进入关闭清算程序后，甲银行债权一直无法受偿。2000 年 12 月 12 日某发展银行某分行已被该省工商行政管理局吊销营业执照。

2005 年，甲银行将某发展银行某分行拆借本息 60 681 000 元人民币统一打包给某资产管理公司处置。由于打包转让价值不能单笔计算，因此该笔回收多少无法显示。（下面打包转让案例情况相同，不再加以说明）

### 案例启示

1. 拆借调查严重失误。甲银行某分行 1998 年 6 月 19 日向某发展银行某分行拆借资金，该发展银行 1998 年 6 月 21 日就宣告关闭，拆借调查严重失误。某发展银行发生严重经营问题，而甲银行某分行在贷前调查中未能及时发现，教训是非常深刻的。

2. 打包处置给资产管理公司。某发展银行被工商行政管理局吊销营业执照，无法清收，只能打包转让给某资产管理公司。

# 案例 046：公司涉嫌诈骗，信用证垫款无法收回

## ——多年诉讼清收无果

**本案例清收处置路径：催收→重组→诉讼→打包转让→收回部分本金**

### 案例简介

1998 年，某管道燃气发展有限公司开始与甲银行建立信贷关系，1998 年 8 月 25 日开立信用证业务 238.33 万美元，授信品种是信用证。

2003 年 9 月 23 日，在具有担保能力的某管道燃气有限责任公司承担连带责任保证的前提下，对信用证垫款余额 238.33 万美元进行了为期一年的贷款重组，授信品种是流动资金贷款。

### 成因分析

1. 贷前调查马虎、不准确。对当时已经暴发的亚洲金融风暴没有一点警惕性，造成银行资金风险。

2. 审查把关不严。为发展业务，盲目投放资金，在没有充分考虑资金安全的情况下审批放款，没有设置充足的抵押物来保证资金安全。

3. 贷后检查不力，没有跟踪借款人经营状况，致使在出现风险时无法及时采取法律手段以保证资产安全。

### 清收措施

贷款到期后，甲银行组织专人对该企业清收，但效果甚微。借款企业及保证企业由于经营不善，负债较大，大幅亏损，公司停止经营活动多年，无力偿还所欠甲银行贷款。借款人的担保单位及上级主管部门某集团有限公司，是某市三大金融诈骗案企业之一，因负债数额巨大被众

多的债权人同时诉讼，公司经营完全停顿。甲银行贷款管理人员多次上门追索，均无法收回贷款本息。由于该信用证担保单位及其上级公司涉嫌诈骗，自身及大部分下属企业账户被查封，资产被冻结，工作组进驻，生产经营全面停止，致使甲银行采取多种办法都无法收回贷款，2007年将其统一打包转让某资产管理公司。

### 案例启示

1. 对借款人及保证人内部管理情况没有进行充分调查，当时企业由于资金来得容易，对项目乱投资，造成大量投资失败，造成巨额亏损的后果。同时，企业内部的腐败现象也是造成甲银行的贷款无法收回的主要原因之一。

2. 借款人的担保单位是某市三大金融骗案企业之一，因负债巨大被众多的债权人同时诉讼，公司经营完全停顿。

## 案例047：借款人是外省融资窗口公司

——投资公司虽有担保，但无法收贷

**本案例清收处置路径：催收→重组→诉讼→打包转让→收回部分本金**

### 案例简介

2003年11月17日甲银行向某投资有限公司发放流动资金贷款人民币3 000万元，期限为一年；由某金融租赁有限公司和某石化产品有限公司提供连带责任担保。

2004年11月25日贷款到期后办理重组，贷款分为两笔。一笔贷款金额人民币1 000万元未能重组，由某金融租赁有限公司、某石化产品有限公司担保；另一笔金额人民币 2 000 万元办理重组，由某龙（集团）股份有限公司、某三农集团股份有限公司、某石化产品有限公司、邱某某及叶某某与白某某夫妻提供不可撤销连带保证责任保证，期限 6 个月。借款公司的经营情况日渐恶化，无法按时偿还贷款。2004 年起，企业停止经营，连续两年未参加工商年审。

担保单位某龙（集团）股份有限公司（以下简称某龙集团），于 1996 年 11 月 4 日在上海上市交易。但该公司经营连续三年出现亏损。2006 年 11 月 24 日，上海证券交易所做出《关于某龙（集团）股份有限公司股票终止上市的决定》，某龙集团从 2006 年 11 月 30 日起终止上市。

担保人某三农集团股份有限公司也由于公司连续三年亏损，2006 年年报披露后，公司股票被暂停上市。

担保人某石化产品有限公司成立于 1999 年，该公司经营不善，亏损严重，于 2005 年停止经营。

某金融租赁股份有限公司系 1994 年 1 月经中国人民银行批准成立的我国西南地区唯一一家金融租赁公司。2005 年该公司因经营不善，亏损严重，已停止经营，2006 年被某市中级人民法院宣告破产。

担保人邱某某、叶某某、白某某，均属以个人财产担保，因涉嫌违反证券法规，于 2006 年 2 月被上海市公安机关调查。并于 2006 年 4 月邱某某以挪用资金罪被上海市人民检察院第二分院批准逮捕，其资产也被查封与拍卖。叶某某、白某某只是公司管理人员，无偿还能力。

### 成因分析

1. 借款人只是实际控制人邱某某为贷款设立的窗口公司，本身无正常经营，无偿还能力。

2. 邱某某通过融资方式收购上市公司，通过收购使其旗下拥有多家上市公司，并利用上市公司四处融资、担保，抽空上市公司资金现象非常严重，致使上市公司财务状况恶化、入不敷出、负债累累、形成资不抵债的局面。

3. 邱某某收购几家经营较差的上市公司，收购后大量挪用上市公司的资金，并利用上市公司对其下属企业贷款担保，2006 年 4 月上海市人民检察院第二分院以挪用资金罪批准逮捕邱某某。自邱某某涉案被刑拘后，加速了关联企业的关闭，直接影响甲银行贷款的回收。

4. 在贷后管理中，客户经理责任心不强，对于企业借款人因资金断裂而造成的后果估计不足，没有及时采取积极的有力措施做出相应补救，保全其他有效资产，影响了甲银行信贷资产的回收。

## 清收措施

2004 年 11 月 25 日企业不能按期还款，甲银行对贷款进行重组，追加了某龙（集团）股份有限公司、某三农集团股份有限公司、邱某某及叶某某与白某某夫妻提供不可撤销连带保证责任保证。

2005 年甲银行申请强制执行公证，采取了诉讼保全查封了某投资有限公司持有的某证券有限公司 3 000 万股的股权。法院对其进行评估拍卖，某证券有限公司因多年从事股票交易，亏损严重，已资不抵债，每股已成负资产，无人竞买。

经法院查找，借款人其他财产中均无可供执行财产，且借款人已停止经营活动，法院裁定中止本案执行。

截至 2007 年 12 月 30 日，该笔贷款余额为人民币 3 000 万元，欠息 794 万元。2007 年甲银行统一处置，打包转让某资产管理公司。

## 案例启示

1. 对借款人调查不实。借款人实际是为贷款而设立的窗口公司，本身无正常经营，无偿还能力，向这样的公司贷款存在巨大的风险。

2. 担保人无实力还款。虽然有多家公司和个人担保，但担保人不是被破产清算，就是因挪用资金罪被检察院批准逮捕。

3. 诉讼执行难，最终无法收回贷款，只好打包转让给某资产管理公司。

# 案例048：向三大金融诈骗案之一的企业放款

## ——诉讼也无法收回，法院裁定中止执行

**本案例清收处置路径：催收→重组→诉讼→打包转让→收回部分本金**

### 案例简介

1997年11月3日，某市某实业有限公司向甲银行某分行借款3 000万元人民币，作为流动资金使用，期限一年，由某集团有限公司承担连带保证责任，某实业公司是其下属子公司，借款合同和担保合同都在某市公证处办理了公证。贷款到期后，以贷新还旧方式重组，到期日为1999年12月31日，仍由某集团有限公司承担连带保证责任，并办理了公证。

某实业有限公司成立于1993年4月28日，最后一次年检日期为2004年。

### 成因分析

1. 借款企业及保证企业由于经营不善，负债较大，大幅亏损，公司停止经营活动多年，无力偿还所欠贷款。

2. 保证责任人某集团有限公司，是某市的三大金融骗案企业之一，因负债巨大被众多的债权人同时诉讼、追讨，公司经营完全停顿。

### 清收措施

1999年贷款到期后，甲银行对该企业清收，但效果甚微。甲银行贷款管理人员多次上门追索，均无法收回贷款本息。甲银行对该企业诉讼清收，法院在执行过程中，由于被执行人无财产可供执行，裁定本案

中止执行。借款企业及保证企业已无任何财产可供追索，该笔贷款债权已形成呆坏账。

截至 2007 年 3 月 21 日，借款人某实业有限公司欠甲银行贷款本息合计人民币 54 644 592 元，其中本金人民币 29 999 999 元，表外利息 24 644 593 元。2007 年，甲银行统一处置，打包转让某资产管理公司。

### 案例启示

1. 贷前调查马虎。对借款人及保证人内部管理情况没有进行充分调查。借款企业资金管理混乱，造成了日后的大量投资失败，形成巨额亏损。

2. 审查把关不严。当时为发展业务，盲目投放资金，没有充分考虑资金安全性，没有抵押物。

3. 贷后检查不力。没有确实跟踪了解借款人的经营状况，致使在出现风险时，无法及时采取法律手段以保证资产的安全。

## 案例 049：经营资金不足，楼盘成为烂尾楼

——诉讼多年无法收回贷款

**本案例清收处置路径：催收→重组→诉讼→打包转让→收回部分本金**

### 案例简介

1998 年 12 月 31 日，某房地产开发有限公司向甲银行申请两笔流动资金贷款，用于购买材料和电梯。第一笔：1998 年 12 月 31 日发放贷款，期限九个月；金额人民币 1 000 万元，用某市"某大厦"在建工程

作抵押担保。第二笔：1999 年 10 月 26 日银行承兑汇票金额人民币 1 000 万元，期限三个月，30%保证金。

银行承兑汇票和贷款到期后，由于企业无法按期还款，甲银行在企业还清欠息 200 万元的基础上作了重组，2000 年 12 月 28 日第一次重组，重组金额人民币 1 670 万元（贷款加银行承兑汇票欠款），2003 年 6 月 27 日贷款到期，借款人仍不能偿还，进行第二次重组，重组本金不变。

## 成因分析

1. 借款人短期贷款长期使用，流动资金贷款用于"某大厦"项目的开发，项目开发到一半，企业因资金不足无力完成整个楼盘的开发，楼盘成为烂尾楼。

2. 流动资金贷款到期无法偿还，"某大厦"已经被别的债权人诉讼查封。

## 清收措施

1. 重组。在企业还清欠息 200 万元的基础上重组。项目开发到一半，企业因资金不足无力完成整个楼盘的开发，楼盘成为烂尾楼。

2. 以物抵债。2000 年 8 月曾计划用以物抵债方式解决该笔债务，但"某大厦"已经被别的债权人查封，以物抵债条件不成熟。

3. 转让债权。通过转让债权的方式找对象解决该不良资产，但由于是在建工程，"某大厦"已经被多家债权人查封，因债权关系复杂而无法实施债权转让。

截至 2006 年 12 月 30 日，重组后的贷款余额为人民币 1 670 万元，欠息 4 756 147 元。最后打包转让给某资产管理公司。

## 案例启示

1. 贷前调查不实。短期贷款长期使用，流动资金贷款用于"某大厦"项目的开发，企业因资金不足无力完成整个楼盘的开发，楼盘成为烂尾楼。

2. 抵押担保无效。没有充足的抵押物来保证资金安全，由于抵押物是在建工程，抵押担保无效。

3. 甲银行未能及时诉讼。"某大厦"被别的债权人查封，甲银行失去优先受偿权，增加了清收的难度。

# 第九部分
# 核销处置案例

## 方案概述

### 呆账核销

　　所称呆账是指银行承担风险和损失，符合认定条件，按规定程序核销的债权和股权资产。

　　呆账核销必须遵循"严格认定条件，提供确凿证据，严肃追究责任，逐户、逐级上报、审核和总行集中审批，对外保密，账销案存"的原则。

# 案例 050：技术改造为名，贷款建新厂为实

## ——贷款人而非实际用款人，无法追索

**本案例清收处置路径：催收→诉讼→核销处置**

### 案例简介

1992 年 12 月 15 日，某玻璃二厂为引进钢化玻璃技术改造项目，向原乙银行贷款 63 万美元，期限四年，由某市某镇经济技术发展总公司担保。贷款逾期后，企业因经营亏损，资金不足，尚有本金美元 43 万元未能偿还，原乙银行于 1997 年 5 月 9 日为该贷款办理延期还款补充协议，约定该企业于 1999 年 5 月 9 日前归还贷款。期限届满后，借款单位和担保单位仍不能按约定还款。

该笔贷款的实际用款人并非某玻璃二厂，而是某南玻璃厂。当时企业是以技术改造的理由向原乙银行申请贷款，实际上是用贷款来购进设备组建一个新的玻璃厂。

### 成因分析

1. 借款单位某玻璃二厂因受宏观经济紧缩，房地产建材行业长期低迷的影响，经营效益差，该厂经营陷入困境，于 1996 年停产，根本没有还款能力，也没有财产可清偿。

2. 虽然某南玻璃厂是实际的用款人，但原乙银行在 1997 年将贷款重组时，并未将该贷款重组到实际用款人某南玻璃厂的名下；诉讼时无法将某南玻璃厂列为被告，不能追索某南玻璃厂。

3. 担保单位只是一个镇政府开办的空壳公司，只负责行政上的管理，不具备担保的经济能力，造成了银行的贷款被悬空的局面。

## 清收措施

贷款发放后，前期均由某南玻璃厂按期还本付息，但从 1999 年年初开始，由于某南玻璃厂及担保单位的负责人均已更换，导致了某南玻璃厂不承认该笔贷款，并不再归还贷款本息。

甲银行接收原乙银行后，经多次催收未果，对借款企业和担保单位提起诉讼。因借款单位早已于 1996 年停产，并被多家金融机构起诉，能拿走的财产已被处理掉，无任何财产可供执行，担保单位某镇经济技术发展总公司只是一家行政管理机构，也无可供执行财产。法院在多次深入调查也无法找到财产线索的情况下，以（2003）第×号《民事裁定书》裁定该案终结执行。

截至 2004 年 3 月 21 日，此贷款尚有本金 371 854.92 美元，表外利息 263 172.44 美元未归还。2004 年 6 月甲银行根据呆账贷款核销文件精神，经不良资产处置委员会集体审议，认为某玻璃二厂的贷款符合核销标准，报经总行批准核销。

## 案例启示

1. 贷款时的失误。某玻璃二厂是以技改的理由向原乙银行申请贷款，实际上是用贷款来购进设备组建一个新的"某南玻璃厂"。

2. 未能及时补救。原乙银行在 1997 年将贷款重组时，并未将该贷款重组到实际用款人某南玻璃厂的名下，错过了机会。

## 案例 051：内外勾结利用银行管理漏洞骗贷

——银行员工被判刑

**本案例清收处置路径：催收→诉讼→核销处置**

### 案例简介

2001 年 1 月，某国际投资有限公司在甲银行获得短期贷款 1 000 万元人民币，期限为半年，用途是购买钢材。贷款发放后企业来往正常，2001 年 3 月分两笔归还甲银行贷款本金 46 万元，4 月 5 日归还贷款本金 954 万元，至此还清甲银行全部的贷款本金。但是，2001 年 9 月 12 日某市公安局在经济侦察中认定某国际投资有限公司在经营过程中有诈骗行为，其归还甲银行贷款的资金属于赃款应予以追缴，于是强行在甲银行的账户上划走 1 000 万元人民币，造成该公司在甲银行仍然欠贷款 1 000 万元人民币。

该笔贷款由某投资有限公司提供的位于某市某花园的某栋首层共 1 577.477 6 平方米的商铺作抵押，后发现某投资有限公司在办理有关贷款抵押登记时造假，是一起连环诈骗行为。

### 成因分析

1. 银行工作人员内部作案。银行工作人员伙同借款人合谋诈骗银行资金，提供的抵押物并不合法，所有的抵押手续均为虚假伪造，造成甲银行贷款的损失。

2. 银行管理制度上的松懈。没有严格按照双人经办的贷款管理制度去办理有关贷款抵押登记和贷后检查跟踪工作，使企业钻了银行的空子，致使银行贷款出现难以避免的损失。

3. 借款企业本身就居心不良。借款企业存在着诈骗的心理，它们千方百计地寻找银行管理上的漏洞进行经济诈骗活动。

## 清收措施

由于某市公安局的立案侦察，原借款单位的有关人员四处躲避，借款公司成为空壳，寻找不到有关的当事人；担保单位某投资有限公司也因受此案件的牵连而逃避，两家公司的经营停顿，无法对该笔贷款进行确认。为此，甲银行对该抵押物进行查询，但结果令人震惊。据该市房地产管理局反映，该抵押物属于无效抵押，原因是某投资有限公司所提供的抵押物并不合法，所有的抵押手续均为虚假伪造。至此该笔贷款造成全额的损失已成为事实。甲银行的原贷款经办人也因涉及此案被公安局认定为合谋诈骗，被公安机关拘押并判刑。

截至 2002 年 9 月 21 日，该公司欠甲银行贷款本金 1 000 万元人民币，欠利息 851 869 元。甲银行某分行对某国际投资有限公司的情况进行审查，认为这一贷款项目符合呆账核销条件，报请总行审批。

## 案例启示

1. 案例暴露了银行内部管理上的缺陷，平时缺乏对员工进行正确的思想教育，造成原贷款经办人因涉及此案被公安局认定为合谋诈骗，被拘押并判刑。

2. 贷款管理制度执行不严，没有严格按照双人经办的贷款管理制度办理有关的贷款抵押登记手续，造成抵押手续均为虚假伪造。

# 案例 052：大股东挪用资金，资金转移到国外

## ——诉讼无法收回贷款，核销处置

**本案例清收处置路径：催收→重组→诉讼→核销处置**

### 案例简介

2002 年 6 月，某摩托车有限公司（以下简称某摩托车公司）向甲银行申请流动资金贷款，甲银行向其发放短期贷款 4 000 万元人民币，期限一年，贷款由另一摩托车有限公司提供连带责任担保。2003 年 6 月贷款到期企业不能按期还款，甲银行为其办理了 6 个月的展期。2003 年 12 月贷款到期，甲银行又办理期限 7 个月的贷款重组手续，贷款除仍由原担保公司担保外，当时由于某科特集团拟重组包括借贷企业在内的下属企业，追加了某科特集团提供连带责任担保。但当时双方所谈的条件是：重组成功，某科特集团承担担保责任；如重组不成功，则某科特集团不承担担保责任。截至 2006 年 8 月 21 日，借款人尚欠甲银行贷款人民币 4 000 万元。

### 成因分析

1. 企业高负债经营。某摩托车公司属合资企业，自有资金很少，厂房建设，增添设备，购进原料等均靠银行贷款投入，其抗风险能力极差。特别是某科特集团以虚假出资骗取上市一事被证监会作为典型事例查处后，债权人都纷纷采取法律手段向某摩托车公司追债，某摩托车公司因资金链断裂无法正常经营。

2. 经营不善，决策失误。借款人错误的估计市场行情，盲目地进行海外投资，在柬埔寨投资一条摩托车生产线，造成投产后因缺少流动资金无法形成生产能力，造成重大损失。

3. 管理混乱，大股东挪用和转移资金情况严重。大股东王某对公司采取家族式的管理方式，对外大举借债，企业负债近 8 亿元人民币。通过海外投资，将资金转移到国外。2004 年，为逃避追债，法定代表人一走了之，失踪至今，仍无音信。失踪时，其公司账户上仅余下几百元的存款，还拖欠 400 多个工人几个月的工资。

## 清收措施

贷款到期后经多次催收无果，2005 年 12 月，甲银行委托某律师事务所向某市中级人民法院提起诉讼。在诉讼保全过程中查不到有效的财产线索，某摩托车公司建在偏僻的农村，钢架结构厂房属于投资方某摩托车公司，但土地权属某科特集团所有，该幅土地至今仍欠农民的征地款及土地出让金 1 000 多万元人民币。企业的一条摩托车自动化总装生产线、一条喷涂生产线，账面资产仅有 7 000 万元人民币，均抵押给了其他银行。企业债务总额 8 亿多元人民币，其中银行债务 4.37 亿元；欠原配套厂家的债务 1.9 亿元；向其他企业借款 5 000 万元；欠工程款 1 500 万元；欠国家税款 5 000 万元；欠经销商款 1 800 万元。截至 2005 年，有 80 多家债权人提起法律诉讼，其有效的厂房、生产设备、办公用品、车辆以及库存的原材料配件等均被不同的法院查封，部分财产已拍卖，企业已严重资不抵债，早应破产清算，但因法定代表人出逃无法进行清算。2006 年某市中级法院以（2006）第×号民事判决书判决甲银行胜诉，但因执行过程中查找不到借款人和担保人可供执行的财产，法院终结此案的执行，甲银行贷款已收回无望。

截至 2006 年 8 月 21 日，借款人某摩托车公司尚欠甲银行贷款人民币本息 49 648 092.51 元，其中本金 40 000 000 元，表外欠息 9 648 092.51 元。2006 年 9 月，甲银行某分行根据财政部的相关规定，经不良资产处置委员会审议通过，报经总行批准核销。

1. 该笔贷款客户经理没有认真做好贷前调查工作，2002 年受某科特集团影响，借款人在当地银行已借不到钱了，转向外地融资。甲银行经办人与审查人盲目听信企业，发放了 4 000 万元人民币贷款。贷款发放后，很快就被其他银行收贷，风险立即暴露出来。

2. 对担保公司审查把关不严，提供担保保证的另一家摩托车公司是其大股东某科特集团为某摩托车公司设立的窗口融资公司，是个三无企业，无代偿能力，审查人员对担保公司的真实情况审查流于形式，使担保形同虚设。

3. 贷后监管不力，错过最佳清收时机。贷款发放后，又不及时对贷款进行跟踪检查，当各家债权人纷纷采取了法律手段时，甲银行采取强制措施已错过了查封处置企业资产的有利时机。

## 案例 053：企业勾结支行副行长诈骗贷款

### ——支行副行长被判处有期徒刑 19 年

**本案例清收处置路径：催收→诉讼→核销处置**

**案例简介**

2002 年 1 月 28 日，某市某石化有限公司（下称某石化公司）与甲银行签订金额 4 000 万元人民币的贷款合同，期限一年，用途为流动资金。该贷款由某投资公司提供连带责任担保。贷款后，借贷公司因经营管理混乱，资不抵债，停止经营活动，2004 年 10 月 14 日被某市工商行政管理局吊销营业执照。

## 成因分析

1. 由于借款公司挤占挪用资金、盲目投资等现象非常严重，致使公司财务状况恶化、入不敷出、负债累累，造成资不抵债的局面。

2. 贷款发放后，2002年3月8日甲银行某支行原副行长陈某私自向担保人出具"关于撤销某投资公司担保责任的函"，利用职务之便私自加盖"甲银行某分行某支行"行政公章和经本人签字，致使该笔贷款担保悬空。

## 清收措施

2003年2月，风险发生后甲银行责令陈某下岗清收，陈某感到事情严重，畏罪潜逃。甲银行于2003年2月27日向公安机关报案，公安机关以一级通缉令向全国通缉陈某。2004年6月陈某等人被公安机关缉拿归案，公诉机关某市人民检察院以甲银行某支行原副行长陈某与借款人法定代表人李某犯贷款诈骗罪、挪用公款罪向某市中级人民法院起诉。公诉人以陈某于2002年3月8日私自以甲银行名义向该笔贷款的担保人某投资公司出具一份"关于撤销某投资公司担保责任的函"，解除某投资公司的担保责任等犯罪事实，请求法院追究陈某的法律责任。法院认定公诉机关的上述事实属实，陈某等犯贷款诈骗罪被判处无期徒刑，陈某等不服，上诉至某省高级人民法院，省高院认定陈某犯违法发放贷款罪，判处有期徒刑19年。

案件发生后，甲银行高度重视，采取各种措施，协助公安机关，通过各种途径追缴本金人民币920余万元，经公安机关查找借款人其他财产，已无可供执行财产，且借款人已停止经营活动，营业执照被吊销。某石化公司尚欠甲银行贷款人民币本金30 789 928元，表外欠息人民币9 104 114元已成为事实呆坏账。2006年9月甲银行某分行根据《金融企业呆账核销管理办法》相关规定，报经总行审批同意核销。

用人失当，某支行原副行长陈某私自向担保人出具"关于撤销某投资公司担保责任的函"，利用职务之便私自加盖"甲银行某分行某支行"行政公章和本人签字，内外勾结诈骗贷款。致使该笔贷款担保悬空，贷款无法收回。

## 案例 054：不重视第一还款来源，抵押物评估过高

——拍卖抵押物的价值只有原评估价值的十分之一

**本案例清收处置路径：催收→诉讼→收回部分本金→核销处置**

案例简介

1999 年 10 月 8 日，某兰集团有限公司（下称某兰集团）与甲银行签订金额 2 000 万元人民币的贷款合同，期限一年，用途为流动资金；贷款分两笔贷出，实际发放日期为 1999 年 11 月 8 日和 2000 年 1 月 30 日，各分别发放人民币 1 000 万元，贷款到期日分别为 2000 年 11 月 8 日和 2001 年 1 月 30 日。该贷款均由某兰精细化工有限公司位于某市某综合楼的 5~8 层作抵押，并办理抵押登记手续。

某兰集团是由 21 家公司组建而成的集团公司，1996 年 9 月 10 日成立，2001 年 12 月 11 日被某省工商行政管理局吊销营业执照。

抵押人某兰精细化工有限公司是某兰集团属下的子公司，该公司最后一次年检日期为 2002 年 6 月 4 日，后连续两年以上未参加工商年检。

成因分析

1. 借款人的内部经营管理混乱，经营模式落后无法适应市场的变

化，导致产品滞销和积压。

2. 实行家族式经营。由于借款人内部存在众多的亲戚裙带关系，挤占挪用资金、盲目投资等现象非常严重，致使公司财务状况恶化，入不敷出，负债累累，形成资不抵债的结局。

3. 该公司的法定代表人为逃债，四处躲避，使该公司业务停顿；加上多个债权人的诉讼，加速了借款人的倒闭，直接影响了甲银行贷款的回收。

## 清收措施

从 2000 年 6 月开始借款人就拖欠甲银行贷款利息，甲银行主办客户经理多次电话、书面及上门催收，但收效甚微，只在 2000 年 9 月份收到利息人民币 10 万元。2000 年 11 月 8 日第一笔贷款到期后，借款人已无力归还贷款本金，向甲银行提出借新还旧的申请。经主办客户经理调查反映，此时的借款人存在以下问题：（1）经营状况已经恶化。原乙银行贷款投入的销售网络因资金不足，导致资金链断裂，企业关闭，项目重组的风险较大。（2）内部管理混乱。集团下属公司各自为政，关联公司的领导层存在众多的亲戚裙带关系，擅自挪占资金，形成大量的债务链，公司运作不正常。（3）还款意愿差。因经营陷入困境，借款人多次承诺还款，但无实际还款行动，而且借款人将资产转移，回避其他银行的追索，有逃废债的倾向。据此，甲银行不同意重组，并要求借款人偿还贷款本息。此后，借款人因负债巨大被众多的债权人同时诉讼、追讨，其法定代表人为逃债四处躲避，公司经营完全停顿。

2003 年 9 月，甲银行对该借款人提起诉讼，某市中级人民法院于 2004 年 10 月 18 日做出（2003）第×号《民事判决书》，判令借款人归还甲银行本金 2 000 万元人民币及相应利息，甲银行对抵押物折价或者拍卖、变卖该抵押物的价款优先受偿。判决生效后，甲银行于 2005 年 2 月 22 日向法院申请强制执行，法院依法委托评估机构对抵押物进行评估，评估价值为人民币 4 270 324 元。经多次拍卖后成交，拍卖成交价为 2 733 007 元，在扣除各种相关税费后，甲银行实收本金 2 381 023 元。经法院查找借款人其他财产，除抵押物外无可供执行财产，且借款人已停止经营活动，营业执照已被吊销，法院于 2006 年 5 月做出终结执行裁定。至此，借款人尚欠甲银行贷款人民币本金 17 618 975 元，表外欠息 10 434 581 元。

2006 年 8 月，甲银行某分行根据国家财政部有关呆账核销的规定，经不良资产处置委员会审议通过，报总行批准同意核销。

**案例启示**

1. 贷前调查工作不认真负责，贷款审查、审批流于形式。甲银行在发放贷款时，借款人的经营状况已开始恶化，企业负债过高，存在着较大的风险，仍批准发放贷款。

2. 抵押物评估过高，严重损害甲银行权益。贷款时评估价为人民币 42 258 571 元，2005 年法院委托评估价为人民币 4 270 324 元，五年后抵押物价值只有原评估价值的十分之一。

## 案例 055：项目开发的后续资金不足，楼盘形成烂尾楼

——有抵押担保，但工程款优先受偿

**本案例清收处置路径：催收→诉讼→核销处置**

**案例简介**

1999 年 4 月 20 日，借款人某发展有限公司（以下简称某发展公司）向甲银行某支行贷款人民币 1 000 万元，期限一年，由某实业投资有限公司提供担保。2000 年，甲银行某支行在办理借新还旧手续时，将原保证责任担保更换为抵押，贷款由某发展公司提供的"某山庄"7

套别墅（在建工程）作抵押担保，抵押面积为 2 152 平方米。贷款到期后企业仍然不能按期归还贷款。甲银行某支行为压缩不良贷款，再次为其办理了展期手续，最后一次展期至 2002 年 4 月 3 日，并同时办理了他项权利登记。贷款到期后，借款人仍未能偿还甲银行贷款。

## 成因分析

1. 高负债经营。该公司属私营企业，自有资本金很少，不足以支付项目的地价款，项目开发的资金全靠各银行贷款的支撑，使其形成巨额的负债。

2. 受亚洲金融风暴的影响。当项目开发到一半时，房地产市场萧条，政策紧缩，项目无法再取得融资，被迫停工，楼盘形成烂尾楼。

3. 内部经营管理不善。当项目因资金不足面临停工时，未能及时将楼盘转让出去或寻找投资合作伙伴，造成项目无法如期竣工，使别墅项目形成烂尾楼，加上各债权人的追讨，使其背上沉重的债务包袱，导致项目彻底失败。

## 清收措施

2002 年 3 月贷款到期，企业无法按期偿还贷款，甲银行派人实行专项清收。由于借款人已停止经营，原办公场所已人去楼空，其法定代表人回避与甲银行的接触，并拒绝在催收通知书上签字确认。经多次催收无果，甲银行遂向某市中级人民法院提起诉讼。某市中院一审以（2002）第×号《民事判决书》判决甲银行胜诉。并查封了已设定抵押的 7 套别墅和未设定抵押的另两套别墅，共 9 套别墅。查封的 9 套别墅经过长时间的数次拍卖，于 2004 年年底最后拍卖成交。其中抵押的 7 套别墅拍卖所得款项人民币为 7 639 044 元，非抵押的两套别墅拍卖所得款项为 188 万元人民币，合计 9 519 044 元人民币。

当甲银行申请将执行款划回时，2004 年 11 月，某建筑公司因与借款人某发展公司的工程款纠纷诉讼至某市中院。在审理过程中，双方当事人在某市中院的主持下调解，调解书裁定为：（1）某发展公司向原告建筑公司支付拖欠的工程款 1 790 万元人民币；（2）建筑公司对"某山庄"别墅拍卖款有优先受偿权。该调解协议严重侵害了甲银行作为抵押权属人的权益，甲银行认为这是发展商与建筑工程公司合伙骗取执行拍卖款的行为，要求某市中院重新审理此案。该院同意立案重审，将甲银行列为第三人参与诉讼。在审理中甲银行提出异议，要求对某建筑公司与某发展公司的账务往来进行审计，以确定双方的工程款是否已支付。经法院委托某会计师事务所对某发展公司的财务状况进行了司法审计，认定某发展公司欠某建筑公司工程款。审计结论对甲银行十分不利，因此甲银行对鉴定书提出了异议，但未被采纳。某市中院对再审案件以（2005）第×号《民事判决书》判决如下：（1）撤销原民事调解书；（2）判令某发展公司向原告某建筑公司支付拖欠的工程款 17 712 878 元人民币；（3）判令某建筑公司对别墅拍卖款享有优先受偿权。

2005 年 7 月，甲银行不服某市中院的再审判决，向某省高级人民法院提起上诉。经审理，省高院以（2006）第×号《民事判决书》终审判决驳回甲银行的上诉。2005 年 2 月 28 日，某市中级人民法院以（2003）第×号民事裁定书以被执行人某发展公司已无其他可供执行的财产为由，裁定中止执行。

截至 2007 年 3 月 21 日，借款人某发展公司尚欠甲银行某支行贷款人民币本金 9 999 999 元，表外欠息 4 375 988 元。2007 年甲银行某分行根据财政部《金融企业呆账核销管理办法》，报总行审查同意核销了此笔贷款。

## 案例启示

1. 甲银行在开展业务时，为拓展业务盲目放款。经办人没有认真做好贷前调查工作，对借款人的资金情况、开发能力等情况不清，风险意识不足，认为有抵押就安全，但抵押担保形同虚设，导致甲银行在诉讼中败诉。

2. 抵押物价值评估不合规。设定抵押价值时，未经合规的评估公司进行有效的评估，而是采取双方的议价，且当时抵押物属在建工程，其议定价值明显偏高。

3. 未对工程款优先抵押权的法律条文进行分析，造成甲银行在处置抵押物时，所得收入成为别人的囊中之物。法院判决优先偿还工程款，甲银行向某中院申请再审败诉，向省高院提起上诉又被驳回。

## 案例 056：企业经营管理混乱，挤占挪用巨额资金

——借款人逃债，公司业务停顿

**本案例清收处置路径：催收→重组→诉讼→核销处置**

### 案例简介

2001 年 11 月 23 日和 2002 年 3 月 15 日，某豪科技教育投资股份有限公司（简称某豪股份），两次向甲银行某支行贷款共计人民币 4 000 万元，分别由某实业有限公司和某龙集团股份有限公司提供不可撤销连带责任保证担保。前笔贷款已于 2002 年 11 月 23 日到期后归还；后笔贷款到期后归还人民币 2 000 万元，并于 2003 年 3 月 31 日办理借新还旧 1 980 万元人民币，期限一年，由某龙集团股份公司、陈某某提供连带责任担保。贷款到期后借款人无法按期归还贷款。贷款于 2004 年 3 月 31 日起逾期。借款人某豪股份后更名为某圣科技投资股份有限公司（简称某圣科技）。

### 成因分析

1. 借款人、担保人相互担保，挤占挪用资金、盲目投资等现象非常严重，致使公司财务状况恶化，负债累累，形成资不抵债的结局。

2. 在贷后管理中，客户经理责任心不强，对于企业借款人因资金断裂而造成的后果估计不足，没有及时采取积极的有力措施做出相应补救，保全其他有效资产。

## 清收措施

贷款到期后，归还 2 000 万元，办理 1 980 万元重组。从 2003 年 3 月开始借款人就拖欠甲银行贷款利息，经多次电话、书面及上门催收，但收效甚微，只在 12 月份借新还旧续做贷款时清收回上期欠息。2004 年 3 月 31 日该笔贷款到期后，甲银行多次向借款人和担保人催收，借款人以企业已停止经营，无偿还能力为由，拒不归还甲银行贷款本息，担保人也未履行担保责任。

借款人经营状况日渐恶化，欠甲银行债务拖的时间越长，对甲银行越不利。为了维护甲银行的合法权益，尽量减少贷款损失，避免债务人的逃废债行为，甲银行于 2005 年 3 月 22 日对某圣科技公司、某龙集团公司、陈某某提起了诉讼，某市中级人民法院于 2006 年 9 月 8 日做出（2005）第×号《民事判决书》，判令借款人归还甲银行本金人民币 1 980 万元及相应利息；担保人承担连带清偿责任。

借款人"某豪股份"为上市公司。2004 年 11 月 12 日，因某银行某支行诉"某豪股份"及大股东一案，某市中级人民法院委托某拍卖有限公司将"某豪股份"的社会法人股 131 279 584 股进行公开拍卖，某科技有限公司以 6 563 979 元人民币价格竞拍成功，成为"某豪股份"的第一大股东。某科技有限公司是注册于英属维尔京群岛的海外投资公司，注册资本 500 万元美金。该公司成为某豪股份的第一大股东后，其实际控制人变更为关某某。2005 年 3 月 29 日，该公司更名为某圣科技投资股份有限公司，注册地址也已变更。经调查，该公司由于自身的债务和对外的担保负债，遭各债权银行纷纷起诉和清收，公司已退市，企业已停止经营，也无其他财产可供追索，无法清偿甲银行的贷款。

担保人陈某某亦身负重债，下落不明，无代偿能力。另一担保人

"某龙集团"亦为上市公司，贷款到期后，该企业也已经营困难，资金周转不灵，拒不归还甲银行贷款本息。因其拖欠某发行的 1.2 亿元人民币到期贷款，其法人股权于 2004 年 12 月被诉讼拍卖，某兴公司成为某龙集团的新大股东。在印度洋海啸事件中，某龙集团的渔轮损失巨大。借款人"某豪股份"与"某龙集团"之间是贷款互相担保关系，某龙集团也陷入破产重整。

经法院查找借款人其他财产，均无可供执行财产，且借款人已停止经营活动，法院裁定本案终结执行。

截至 2007 年 3 月 21 日，借款人某豪科技教育投资股份有限公司结欠甲银行贷款本息人民币 26 052 570.50 元，其中本金 19 799 999 元。2007 年 6 月，甲银行某分行根据财政部《金融企业呆账核销管理办法》，报总行审查同意将此贷款呆账核销。

## 案例启示

1. 选择投资性公司作为借款人是一种错误。该公司由于自身的债务和对外的担保负债，各债权银行纷纷起诉和清收，上市公司已退市，企业停止经营。

2. 借款人和担保人相互担保。担保人财务状况恶化，挤占挪用资金，负债累累，形成资不抵债，破产重整的结局。

3. 在贷后管理中，客户经理责任心不强，对于企业借款人因资金断裂而造成的后果估计不足，没有及时采取积极的有力措施做出相应补救，保全其他有效资产。

# 案例 057：经营决策失败，进口押汇贷款无法偿还

## ——诉讼清收无果，法院裁定终结执行

**本案例清收处置路径：催收→诉讼→核销处置**

### 案例简介

1998 年 2 月 24 日和 3 月 6 日，甲银行先后向某进出口贸易公司（简称某进出口公司）开立了两份不可撤销信用证，金额分别为 1 778 990.50 美元和 950 000 美元，分别于 1998 年 6 月 29 日和 1998 年 7 月 8 日到期。由于某进出口公司货款不能及时回收、不能按时还款，金额为 950 000 美元的信用证于 1998 年 6 月 16 日续做进口押汇贷款，期限自 1998 年 6 月 16 日至 9 月 14 日；另一张信用证中的 601 562.50 美元于 1998 年 6 月 29 日叙做进口押汇贷款，期限自 1998 年 6 月 29 日至 7 月 29 日。上述两笔押汇到期后，某进出口公司不能清偿押汇贷款本息。

### 成因分析

1. 借款人受外部经济环境恶化等因素影响，经营决策失败，导致货款不能收回，无力归还借款。

2. 开证人和担保人内部资金操作和管理不当，造成甲银行信贷资金的风险。

3. 甲银行经办人对开证企业的资信情况和经营状况没有调查清楚。开证人并不是经营批发、零售业务的进出口企业，开立信用证是用于进口原材料，容易因外贸环境的变化而出现信贷风险。

4. 开证采用第三方担保方式，而且是异地企业作担保，隐含的信贷风险加大。

## 清收措施

押汇到期后，某进出口公司不能清偿本息。甲银行自 1999 年起通过发出"还本付息催收通知书"和律师函等形式，分别向某进出口公司进行催收，但收效甚微，仅收回少量的利息。

由于甲银行管理问题，保存的《保证合同》系复印件，且该合同内也未注明为哪位借款人的借款、哪份垫款合同项下的借款，以及多少贷款金额承担责任，该合同也无订立时间，使得甲银行失去了追索的权利。

由于甲银行与担保人签署的《保证合同》中，第七章第 6 条有手写体注明："本保证合同担保的范围包括主合同项下的借款本金、利息、复利、违约金、损害赔偿金、实现债权的费用和所有其他应付费用。本合同保证金额为人民币陆佰柒拾万元正。"担保人只承担人民币 670 万元的连带担保责任。

2004 年，甲银行对该借款人提起诉讼，某市中级人民法院于 2005 年 12 月 16 日做出（2004）第×号《民事判决书》，判令借款人归还本金 2 153 125 美元及相应利息。经法院查找借款人其他财产，却无可供执行财产，且借款人已停止经营活动多时，于是，法院于 2006 年 9 月做出终结执行裁定。借款人某进出口公司所欠甲银行贷款本金 2 153 125 美元，表外利息 658 734.73 美元，已成为呆坏账。

鉴于该户贷款的实际情况，2007 年甲银行某分行根据财政部《金融企业呆账核销管理办法》，经甲银行不良资产处置委员会审议通过，并报总行批准对该呆账予以核销。

## 案例启示

1. 贷前调查工作不认真负责，对开证企业的资信情况和经营状况不清楚，开证人不是经营批发、零售业务的进出口企业，开立信用证是用于进口原材料，容易因外贸环境的变化而出现信贷风险。

2. 开证采用第三方异地企业担保方式，隐含的信贷风险加大；开证人和担保人内部资金操作和管理不当。

3. 银行管理存在问题。仅保存的《保证合同》系复印件，同时该合同也无订立时间，使得甲银行失去了追索的权利。

# 案例 058：借款企业停产，担保人证券市场违规

## ——多种方式化解无效，法院裁定终结执行

**本案例清收处置路径：催收→诉讼→核销处置**

### 案例简介

2000 年 6 月 9 日，某电子有限公司向甲银行借入人民币 2 500 万元，期限一年，用于流动资金周转，由某安集团有限公司提供连带责任担保。某电子有限公司是一家主要生产和销售影碟机、电视机、音响、家庭影院、数码相机等电子系列产品的企业。

贷款发生前期，该企业基本能按期付息，由于此贷款的偿还主要依赖于担保单位，甲银行只留意担保单位的变化，未能密切关注借款企业的生产经营动态。贷款逾期后，由于担保单位某安集团有限公司卷入证券市场违规操作案件，被中国证券会进行司法调查，公司无法正常运作，造成整个集团资金链条中断，借款人无法如期归还该贷款本息，担保人也无法代为偿还，此贷款处于极度风险之中。

### 成因分析

1. 放款前未对借款人进行深入详尽的调查，未能充分了解借款人的发展动态，借款人在贷款逾期前即停止生产经营，无力归还贷款。

2. 担保单位某安集团有限公司由于深度卷入证券市场违操操作被司法调查，该集团及属下所有公司的工商登记、变更和银行资金往来都被暂停，银行账户全部被监控，法定代表人下落不明。该集团整体负债近 20 亿元人民币，资产负债率超 100%，在被卷入司法调查前，该集团采用拆东墙补西墙等办法，基本不拖欠银行贷款本息，但介入司法调查后，该公司的业务基本停顿，资金链条断裂，财务状况出现恶化。

## 清收措施

贷款逾期后，甲银行信贷管理人员着手积极催收贷款，频频上门追收，但借款单位某电子有限公司在贷款逾期后基本停止了生产经营，无任何营业收入，已无力归还贷款。

在借款单位及担保单位出现风险后，甲银行虽力求盘活贷款，尽量减少信贷资金的损失，但由于某电子有限公司已停止生产经营，不可能归还贷款，某安集团有限公司也停顿，无收入来源，有效资产全部用于抵押，也无法还款。甲银行原打算通过重组等方式来化解此贷款风险，但由于受司法介入的影响，某安集团有限公司属下公司几乎不能正常运作，即使有继续营业的公司，其营业执照也无法年审，不符合甲银行的重组贷款要求。甲银行在多次催收未果的情况下，与借款单位及担保单位签订了还款协议书，并进行强制执行公证。

由于上述两单位不能履行还款协议书的约定，甲银行遂向某市中级人民法院申请强制执行。法院接到甲银行申请后，积极调查借款单位及担保单位的可供执行财产。但该两单位已停止生产经营活动，有效资产已全部被抵押，无法找到可执行财产，因此法院于 2002 年 11 月裁定该案终结执行。

截止到 2002 年 9 月 20 日，某电子有限公司尚欠甲银行本金余额人民币 2 500 万元，欠息 2 528 635 元。根据甲银行总行呆账贷款核销文件的精神，经甲银行不良资产处置委员会审议通过，报经总行批准予以核销。

1. 放款前未对借款人进行深入的调查，对借款人与担保人的关联关系也未做细致调查；担保人从事证券违规操作；担保人当时属下的上市公司在二级市场的交易等情况均未能发现。

2. 甲银行未能用企业的财产办理抵押，而借款人与担保人的有效资产全部用于其他银行的抵押信贷。当企业发生风险时，两者都无偿还贷款的能力。

## 案例 059：拆借转贷款，企业资不抵债

——借款人停止经营，保证人是整顿类信托公司

**本案例清收处置路径：催收→诉讼→核销处置**

**案例简介**

1997 年 11 月 12 日，某置业有限公司（以下简称某置业）与甲银行签订《人民币借款合同》，贷款金额 2 990 万元，期限为一年，用于"某广场"项目流动资金的临时周转。贷款到期后，因借款人开发的房地产项目仍处于建设施工阶段，未完成项目建设，资金无法回笼，遂申请展期。经甲银行审批于 1998 年 11 月 30 日办理续贷手续，期限一年，上述贷款均由某国投公司提供连带责任保证。但贷款展期届满后仍未能归还贷款本息。

**成因分析**

1. 受项目合作方债务变化的影响，开发项目的经营出现资不抵债的问题，作为支付了征地补偿款而尚未完工的项目，楼盘被其债权银行

查封、拍卖，打破了整体建设项目的预期竣工进度和收益，产生风险。

2. 受政策的影响，建设项目产生"烂尾"。受国家对房地产行业实行紧缩政策和经营项目失利的影响，所开发的楼盘因缺乏建设资金而停工，始终未达到政府规定的交付使用标准；同时借款人内部的经营状况无法扭转，直至停止经营，项目最终形成"烂尾"，导致第一还款来源无望。

3. 受亚洲金融危机和国内清理整顿信托公司的冲击，资金链断裂直接影响投资资金的回笼。1998 年受亚洲金融风暴影响，国内加大了清理整顿信托公司的力度，特别是某些信托公司的倒闭，对信托业的影响极大，该笔贷款的担保单位某国投也受到波及，巨额到期债务不能偿付，资金周转极度困难，深陷危机之中。

4. 担保企业的法定代表人等涉及经济案件，直接影响企业的经营和项目的管理。由于所建设的楼盘是担保人直接融资经营的项目，2002年该企业的多位高层管理人员涉及经济案件被检察机关羁押、判刑，致使企业内部出现混乱，经营停顿，也直接影响了银行资金的回收。

5. 借款人所开发的"某广场"项目的土地和剩余楼层都已抵押给他人；借、保双方的其他财产已被债权人抵押或拍卖抵债完毕，甲银行的贷款没有相应的抵押物。

## 清收措施

贷款到期后，甲银行虽然加大力度对借、保双方进行催收，但没有收到实际效果。因借款人投资失败和保证人的高管涉案被判刑，导致借、保双方均停止经营活动，且连续两年以上未按规定进行营业执照年检，属名存实亡，甲银行的贷款已实际形成损失。

截止到 2006 年 3 月 21 日，某置业有限公司结欠甲银行贷款本息合计人民币 53 649 834 元，其中本金 29 899 999 元。2006 年 6 月甲银行某分行根据财政部《金融企业呆账核销管理办法》，上述贷款已符合呆坏账的认定标准，经甲银行不良资产处置委员会审议通过，报经总行批准予以核销。

## 案例启示

1. 在贷前调查时，经办人员未认真调查了解企业情况。

2. 贷时审批流于形式，为发展业务，放松对授信资产安全性的考虑，未要求借款人提供相应的抵押物作保证。

3. 在贷款追收的过程中，未能大胆地采取其他方式清收，丧失了减少贷款损失的机会。

# 案例060：银行向财务公司拆借无抵押

——无法追索到有效财产，法院裁定终结执行

**本案例清收处置路径：催收→诉讼→核销处置**

## 案例简介

1999年6月，某企业集团财务公司因资金周转困难，向甲银行某分行拆入人民币3 500万元，拆借期限为7天。由某企业集团公司提供信用担保。实际上该笔拆借资金是以"借新还旧"的方式，归还了借款人1998年在甲银行的另外3笔合计人民币3 500万元的拆借款。

## 成因分析

1. 甲银行在办理拆借资金时未进行深入调查了解借款人的资信情况和经营状况，盲目借款。

2. 借款时未办理相应的实物抵押手续，以致无法追索到有效的财产。

3. 在借款人未能按期还款时，甲银行没有主动、及时地采取有效

的措施保护资金的安全，而是依赖法院，错过了最有利的清收时机，形成呆坏账损失。

## 清收措施

在借款到期后借款人仍无法还款。甲银行某某分行于1999年6月向法院提起诉讼，并保全查封了借款人持有的南方证券股权。同年，某法院以（1999）第×号《民事判决书》判决甲银行胜诉。法院在执行的过程中将查封的南方证券股权进行变卖转让失败后，于2000年6月，以（1999）第×号《民事裁定书》，将冻结查封属于某企业集团财务公司在南方证券有限公司的2 500万股股权，作价1.20元/股，合计3 000万元人民币，裁定给甲银行，以抵偿借款人所欠的部分债务。由于借款人负债累累，被多家债权人诉讼，已无可执行的其他财产。法院于2001年8月以（1999）第×号《民事裁定书》裁定终结执行。

2006年9月，甲银行某分行根据《金融企业呆账核销管理办法》的相关规定，报经总行申报审批将该笔借款予以核销。

## 案例启示

1. 为避免今后重犯类似的错误，银行要以此为鉴，吸取教训。在审批借款时要严格审查，严格把好审查关，认真深入细致地调查了解，掌握借款人的资信情况和经营状况。

2. 办理抵质押担保，树立高度的责任心。在借款发生风险或出现预警信号时应主动、及时地采取有效的措施降低风险，保障资金的安全，以防止不良资产的出现，避免国有资产的流失。

# 附录：银行不良资产处置原理的启示

### 1. 关于冰棍理论

冰棍理论是商业银行不良资产领域一个比较著名的理论，指的是不良资产就像拿在手中的一个冰棍，这个冰棍在炎热的天气中不断融化着，而不良资产一旦形成，必将像冰棍一样逐渐消融，并且随着时间的推移，不良资产最终无法被解决的比率也在逐步升高，因此解决不良资产问题必须趁早。

根据冰棍理论，我国商业银行应该下决心尽早解决不良资产问题，由于不良资产的不确定性，越往后推延，影响不良资产顺利解决的各种障碍就越多。例如：造成银行不良资产问题的贷款企业的法定代表人变更问题；贷款企业有可能出现的重组和破产问题；财务问题等都会影响银行对不良资产问题的解决效果。

银行应该抓住时机，尽早解决不良资产问题。如果在解决不良资产问题上存在拖延，那么损失最大的就是银行。

### 2. 关于苹果原理

商业银行不良资产的苹果原理指的是在处理不良资产时，要把不良资产看作是一筐不新鲜的苹果。如果把这筐苹果整体卖掉，可能卖不出好价钱，但如果把这筐苹果拆包重新分类，然后再根据分类的情况分别销售，可能会获取更理想的结果。例如：烂透的苹果可以做肥料；微烂的苹果低价销售；软绵绵的苹果做果酱；有斑点的苹果做罐头；优质的苹果再高价卖出去。

根据苹果原理，商业银行在处理不良资产时，也应该根据不良资产不同的特质来选择不同的解决途径，做到区别对待，这样才能取得更好的经济效果。也就是说，如果银行把不良资产一并卖给有关资产处理机构，可能不会获取经济利益的最大化，但是如果分门别类进行清收处置，效益就将大大提高。

# 后记

我们这一代人，年青的时候就盼望长大后能著书，我高中毕业后还为自己起了一个笔名叫"艺锋"。这次在西南财大出版社的全方位支持下，实现了这一梦想，我深表感谢！

当年我在曾康霖、何泽荣、冯肇白、袁远福和刘圻等老师的启蒙培育下，完成西南财经大学（原四川财经学院）金融专业的学业，1984年毕业时，曾康林教授盼望我与王华庆（现任人民银行总行副行长）、罗继东（原任广东省金融办主任）、吴兰君（现任工商银行湖南省分行副行长）等几位同学一起留校任教，后来我们都没有留下。到现在我经常回忆起这段校园生活，心情久久不能平静。

在此，我衷心感谢老师对我们的期望与辛勤培养。特别是我的恩师曾康霖教授，在我毕业后还继续关心我的成长，如1989年，我还在支行工作时，他给我的来信中说道："沙业伟行长、校友您好！您毕业后干得不错，为校争了光，我们感到高兴，您在校时积极倡导的钱币研究，为以后的研究开了一个好头，现在不少人还会想起您。"读到曾老师这段话时，我心中热血沸腾，好像有一鼓使不完的劲一样，他激励着我继续前进。这次出书，西南财经大学出版社与我想在一起，请曾老为本书题写书名，曾老马上答应了，这使我感到每一次的进步都离不开曾老师的栽培。

在校学习时，由于我课余时间经常到图书馆读书，并组建我国第一个学生钱币研究小组，许斌同学（曾任中国光大银行行长）经常叫我"沙博士"，今天，我虽然没有成为博士，没有应曾康霖教授的要求留校任教，但今天能在西南财经大学出版社的帮助下出书，这是给母校交上一份迟到的作业，也是自己给老师和同学们毕业30年后的一个交代，更是自己的平生夙愿。

本书的出版，也是李绍周、阮冶国两位西财老同学的支持和鼓励的结果。李绍周同学曾任《金融时报》社长、辽宁省人民银行行长，在校时是我们班的党支部书记，他不但在学习上，而且在生活上都对我照顾有加，在他的关怀下，我成为学校金融系的团委委员，加入中国共产党。毕业后，我曾两次到沈阳向他学习银行管理知识，他的真知灼见使我获益非浅，李书记一直鼓励我发奋图强，使我不断进步、健康成长。今天他又为本书写下了鼓励我不断进步的序言。他不但是我的人生导师，还是我国金融业发展与改革的先驱者，是一位务实的银行家。

在本书写就付梓的时候，我心情比较激动，本书记述了多年的清收保全工作成果。我们在某股份制银行广州分行邱行长（现总行副行长）和主管资产保全工作的曾副行长的领导下，以异想天开的科学态度，艰苦卓绝地工作作风，做出了惊人的业绩。当年行长向集团董事长报告了广州分行保全清收工作业绩，三年压缩不良资产几十亿元，现金回收率达30%以上，超越国内资产管理公司清收水平。他在总行资产保全工作会议经验材料上，写下了这样一段话"广州分行清收工作体现了低成本、高效率的特点，这在广州地区同行业中，都是少见的。"

本书大多数案例的诉讼工作，得到了我单位常年法律顾问朱征夫律师（现任全国政协委员，中华全国律师协会副会长，东方昆仑律师事务所主任）的密切配合和大力支持，在此表示万分感谢！

我亲自参加了本书不良资产案例的清收，并带领下列同事一起工作：李智辉、林伟、庞洁宇、游建浩、周雄斌、陈文烈、朱向阳、李林娜和边晓森等，并在大家的共同努力下取得成果，今天他们大多数都已经提升为总经理或支行行长，成为广州分行的骨干力量。笔者在感谢以上优秀同事的同时，要特别感谢三位副总经理助手，段保鑫、张沛和聂伟，是他们的支持才取得这么好的成绩，还需要感谢于小玉、关颖两位综合员，是他们的辛勤劳动，才有保存完整的资料成书，本书在编辑工作中，笔者非常感谢上述同事们，是他们为本书提供了丰富宝贵的一手资料，他们勤勤恳恳工作形成的报告，为笔者构筑本书的框架与内容，是他们的艰苦奋斗才有本书所记载的成果。吴起在本书修改过程中悉心提出许多中肯的建议，在此笔者郑重地向这些一同并肩工作的同事们说声谢谢！要感谢的老师、同事和朋友实在太多，在此无法一一提及，但我会永远铭感在心！

最后非常感谢西南财大出版社冯建社长对本书出版工作的高度重视和周密组织，感谢何春梅编辑的精心策划，及张明星、潘德平 等编辑的细致审稿。

由于笔者水平有限，编写经验不足，然而难免有疏漏，恳请读者批评指正。

沙业伟

2015 年 1 月 1 日于广州珠江畔

# 声　明

　　本书所涉及的案例在尽量保持其真实性、借鉴价值的基础上，对主体名称、资产财务数据和处置情节经过加工处理，请读者不要与现实中的某家企业实际情况"对号入座"，否则，作者不承担由此引起的任何纠纷等相关责任。

　　特此声明。